왜 세계는 불평등한가

99 TO 1

Copyright © 2012 by Chuck Collins
All rights reserved
Korean translation copyright © 2012 I Sang Media Publishing Co.
Korean translation rights arranged with Berrett-Koehler Publishers
through EYA(Eric Yang Agency)

이 책의 한국어판 저작권은 EYA(Eric Yang Agency)를 통해 Berrett-Koehler Publishers와
독점계약한 이상미디어에 있습니다.
저작권법에 의하여 한국 내에서 보호를 받는 저작물이므로 무단전재와 복제를 금합니다.

탐욕스러운 1%가 99%의 삶을 파괴한다

왜 세계는 불평등한가

척 콜린스 지음 | 이상규 옮김

이상

왜 세계는 불평등한가

2012년 10월 30일 초판 1쇄 인쇄
2012년 11월 5일 초판 1쇄 발행

지은이   척 콜린스
옮긴이   이상규
펴낸이   이상규
편집인   김훈태
펴낸곳   이상미디어
등록번호 209-06-98501
등록일자 2008.09.30
주소   서울시 성북구 하월곡동 196
대표전화 02-913-8888 팩스 02-913-7711
E-mail   leesangbooks@gmail.com
ISBN   978-89-94478-25-8 03300

이 책의 저작권은 저자에게 있으며, 무단 전재나 복제는 법으로 금지되어 있습니다.

추천의 글 1 | 아무리 열심히 일해도 여전히 힘겨운 중산층을 위하여

— 서울시장 **박원순**

2008년 월스트리트에서 시작된 미국의 경제위기는 중산층의 붕괴로 이어졌습니다. 서브프라임 모기지론(비우량주택 담보대출)을 받은 개인들이 줄줄이 파산하면서 은행과 기업들마저 도미노처럼 붕괴되었지요. 그 후 2011년에는 각성한 대중들이 월스트리트 점령 시위와 '나는 99%다' 운동을 전개했습니다. 2008년 금융위기 때 정부의 지원(국민의 세금)으로 살아남은 대형 투자은행들과 금융기관들이 벌인 막대한 보너스 잔치가 시민들을 거리로 불러냈습니다. 미국의 실업률은 나아질 기미가 보이지 않고 경기 침체가 지속되고 있는 가운데 상대적 박탈감을 느낀 99%의 시민들이 자본주의 상징인 월스트리트에 경종을 울린 것이지요.

2008년 이전의 미국 서민들은 실질 임금 증가가 아닌 대출에 의존한 소비에 빠져 있었습니다. 하위 80% 가구의 실질 임금은 1970년대 후반 이후 정체되었고 2007년의 가구당 저축률은 2% 이하로 떨어진 상태였습니다(1980년에는 저축률이 11%). 1983년부터 2009년 사이에 전체 자산 증가분의 82%가 가장 부유한 5%에게 흘러들어갔습니다. 이 시기에 하위 60%의 자산은 증가하지 못했고, 이들의 2009년도 자산은 1983년도보다 오히려 감소했습니다. 2009년에는 가장 부유한 1% 가구가 모든 개인 자산의 35.6%를 차지했습니다(1976년에는 약 20%).

가장 부유한 1%는 막대한 자산을 월스트리트의 젊고 영리한 인물들이 창조한 금융상품에 투자해 높은 수익을 거두기 시작했습니다. 2008년 미국 경제위기의 원인이었던 서브프라임 모기지론(비우량주택담보대출) 역시 투자자 입장에서 수익률이 높은 금융상품이었습니다. 왜냐하면 대출상환 능력이 담보되지 않은 서민들에게 돈을 빌려주고 그 대신 비싼 이자를 받았으니까요. 결국 2008년 경제위기의 직접적 원인인 중산층과 서민들의 무분별한 대출과 소비의 이면에는 상위 1% 부자들과 금융권의 무모한 탐욕이 자리 잡고 있습니다. 바로 이것이 우리가 주목해야 할 불편한 진실입니다.

왜 불평등사회에서 벗어나야 하는가?

1929년 대공황이 시작되기 직전 불평등과 빈부격차는 극심한 상태였습니다. 학자들의 추정에 따르면 1929년에는 가장 부유한 1%가 총 개인 자산의 44%를 소유했습니다. 1970년에는 20%로 감소했다가 다시 오늘날에는 그 수치가 약 35.6%로 늘어났습니다. 국제통화기금(IMF)과 전미경제연구소(National Bureau of Economic Research)의 조사에 따르면 평등한 사회일수록 성장률이 높고, 오랫동안 경제 성장이 지속되며, 경기 침체에서 훨씬 빨리 회복된다고 합니다. 일부 학자들이나 언론, 친기업 성향의 정치인들이 주장하는 '선성장-후분배'는 상위 1%를 위한 눈속임이며, 99%에게는 결코 실현될 수 없는 신기루 같은 것입니다.

우리 사회가 왜 불평등, 빈부격차를 해소해야 하는지 좀 더 구체적으로 살펴볼까요? 불평등은 민주주의와 시민의 삶을 파괴합니다. 불평등은 사람들의 건강상태를 악화시킵니다. 불평등한 공동체에서는 심장병과 천식, 정신병, 암, 그밖에 다른 질병의 발병률이 높아집니다. 불평등은 공동체의 분열을 초래합니다. 극심한 빈부격차는 사회분열과 불신을 초래해 공동체를 분열시킵니다. 불평등은 동등한 기회 제공과 계층간 이동성이라는 소중한 가치를 무너뜨립니다. 불평등은 공공 서비스를 무력화시킵니다. 불평등이 심화되면 질 높은 공교육과 안정적인 주택 공급, 공공의료보험, 그밖에도 공정한 경쟁의 장을 떠받치는 시스템들이 무너집니다. 또 상위 1%가 공동체와 단절되면서 자신들에게 필요한 서비스를 민영화시킵니다.

위에서 열거한 내용들은 결코 근거 없는 주장이 아닙니다. 이 책 속에는 이런 주장을 뒷받침하는 통계와 사례들이 충분히 소개되어 있습니다. 빈부격차와 불평등을 해소하는 것은 일시적으로나마 부자들의 몫을 빼앗는 것처럼 보일 수 있습니다. 왜냐하면 그들이 지금보다 더 많은 세금을 부담해야 하기 때문입니다. 하지만 부자들이 더 지속적으로 잘 살기 위해서라도 중산층과 서민들이 보편적 복지를 누리면서 함께 잘사는 사회가 되어야 합니다.

모두를 위한 경제 시스템을 만들자

우리는 워렌 버핏(Warren Buffett)이 〈뉴욕타임스〉에 기고한 칼럼에 주목할 필요가 있습니다. 칼럼에서 워렌 버핏은 자신이 일반 급여 생활자들보다 소득세를 훨씬 적게 납부한다고 털어놓았습니다. 워렌 버핏의 투자소득세율은 15%인데 반해 근로소득세율은 35%로 높기 때문입니다. 워렌 버핏은 자신들이 그런 혜택을 누리는 것은 '점박이 부엉이나 다른 멸종 위기 동물이라도 되는 것처럼 자신들이 워싱턴 입법가들의 보호를 받기 때문'이라고 말합니다.

그럼 이제 우리는 무엇을 해야 할까요? 상위 1%가 아니라 100%를 위한, 즉 건전하면서도 지속가능한 경제 시스템을 만들어야 합니다. 그동안 상위 1%는 정치인들을 대상으로 로비를 벌여 무역, 조세, 노동자, 기업 활동과 관련된 다양한 분야의 규칙들을 자신들에게 이롭게 바꿔 놓았습니다. 월급쟁이들을 희생시켜 자산 소유주들에게 이롭게 했으며, 지역 기반의 중소기업을 희생시켜 거대 기업들에게 이로운 규칙으로 바꾸었습니다. 거대한 자본이 계속 승승장구할수록 노동의 주체는 소외되고 착취당했습니다. 물론 상위 1%에는 워렌 버핏처럼 '자신에게 더 많은 세금을 부과하라'고 주장하면서 평등한 사회를 위해 노력하는 사람들도 있습니다.

이제 우리는 우리 사회의 극심한 불평등과 빈부격차가 초래하는 병폐를 직시해야 합니다. 더 많은 사람들이 더 나은 사회를 꿈꾸며 변화를 요구하고 실천적 행동에 옮겨야 합니다. 그리하여 더 많은 사람들이 최저 임금으로 생활을 꾸려갈 수 있고 누구나 공정한 경쟁의 장 속에서 자신의 꿈을 실현시킬 수 있는 기회를 나눠가져야 합니다. 더 나은 미래는 함께 성장하면서 함께 나누는 사회만이 가질 수 있는 '모두의 꿈'이기 때문입니다.

추천의 글 2 | **더 많은 사람들에게 이 책을……**

– 바버라 에런라이크

몇 년 전 2008년의 대불황(Great Recession)이 닥치기 전 날이었다. 그날 나는 이 책의 저자인 척 콜린스와 함께 불평등에 관한 논쟁을 벌였다. 척이 극단적 불평등에 대한 연구회를 막 시작했을 때였다. 그 프로젝트의 목적은 미국인들의 분열을 초래하는 부와 소득의 크나큰 격차를 대중에게 알리는 것이었다. 나도 그 목적에 진심으로 공감했지만 한편으로는 이런 회의적인 의문이 들었다. 과연 그 문제에 대해 누가 신경이나 쓸까? 브루킹스 연구소(Brookings Institution)의 경제학자 캐럴 그레이엄(Carol Graham)은 그 해에 이렇게 말했다. "불평등에 신경 쓰는 사람들은 부유한 진보주의자들뿐입니다."

나는 척과 논쟁을 벌일 때 '배관공 조'의 이야기를 꺼냈다. 배관공 조는 연간 25만 달러 이상을 버는 사람에게 부과하는 세금을 올리자는 오바마의 제안에 반대했다. 조는 25만 달러 이상을 벌 것이라고 확신하고 배관 사업을 시작했기 때문이었다. 이것이 바로 지나친 환상에 사로잡힌 미국인들의 현실이다. 미국인들은 열심히 일하고 노련한 솜씨를 발휘하며 긍정적인 생각이나 기도를 하면 누구나 하룻밤 사이에 수백만 달러를 벌 수 있다고 생각한다. 그렇기 때문에 대부분의 사람들은 불평등을 문젯거리로 보지 않는다. 그보다는 더 큰 성공을 부르는 자극제라고 생각한다.

그러나 결국 척의 주장이 옳았다. 척과 논쟁을 벌였던 그 날 이후 몇 년이 흘렀을 때 불안정했던 미국 재정 시스템이 무너지면서 불평등이야말로 불안정을 초래하는 위험 요소라는 사실이 적나라하게 드러났다. 부자들은 미덥지 못한 갖가지 신용 상품에 엄청난 자산을 투자했고, 빈민층과 중산층도 덩달아 그런 상품에 현혹되거나 절박한 심정으로 그 대열에 합류했다. 지난 몇 년 동안 계속되는 경기 침체를 겪으면서 실업률과 주택 압류 건수, 증가하는 빈곤율에 비추어봤을 때 극단적인 불평등이 얼마나 큰 손실을 낳는지 깨달았다.

하지만 나보다는 척 콜린스가 이 모든 현상을 잘 설명할 것이다. 명

쾌하고 설득력 있게, 때로는 눈앞에 펼쳐진 것처럼 생생하게 풀어놓을 것이다. 척 콜린스는 하루하루를 연명해나가기 위해 고군분투하는 저소득층 사람들은 물론이고 나라의 미래를 걱정하는 백만장자들과도 함께 일하는 이 시대의 행동하는 양심이자 운동가이므로 그만큼 불평등에 대해 제대로 이해하고 설명할 수 있는 전문가는 없다. 이 책을 읽고 나면 세상이 얼마나 불평등한지, 그리고 어떻게 그 불평등을 누그러뜨릴 수 있는지 당신도 알게 될 것이다.

바버라 에런라이크

1941년 미국 몬태나 주에서 태어났다. 록펠러 대학에서 세포생물학 박사 학위를 받은 뒤 도시 빈민의 건강권을 옹호하는 비영리단체에서 일하다가 전업 작가로 나섰다. 2001년, 저임금 노동자의 생활을 잠입 취재해 『노동의 배신』을 썼고 이 책이 미국 내에서 150만 부 이상 팔리면서 최저임금 논쟁에 불을 붙였다. 현재 〈뉴욕 타임스〉 〈타임〉 〈하퍼스〉 〈네이션〉 등 미국 주요 언론에 칼럼을 기고하고 있다. 현장에 밀착한 글쓰기와 노동자, 여성, 소수자 등을 위한 사회 활동을 활발히 펼치고 있다.

머리말

극단적인 부의 불평등은 우리가 소중하게 여기는 많은 것들을 해치고 위험에 빠트린다. 부와 권력의 불균형이 심화되면서 현재 우리 사회는 불평등의 소용돌이에 휘말려 있다. 이와 같은 양극화 현상으로 경제가 불안정해지는 것은 물론이며, 공동체가 분열되고 민주주의 체제가 손상되며 사람들이 병들고 불행해진다.

나는 20년 동안 극단적인 소득과 부의 불평등이 얼마나 위험한지를 더욱 많은 사람들에게 알리려고 애써왔다. 하지만 돌아오는 것은 허탈과 좌절뿐이었다. '경제를 논할 때 불평등을 언급하는 것은 옳지 않다'거나 '사람들은 불평등에 그다지 신경 쓰지 않는다'는 말을 자주 듣곤 했다. 그러다보니 이처럼 부정적인 의견들이 혹시 옳은 것은 아닌가 하는 생각마저 들었다.

그러나 2011년부터 경제적 불평등에 대한 사람들의 생각이 급격하게 달라지기 시작했다. '월스트리트 점령' 시위와 '우리는 99%다' 운동이 경제 불평등에 관한 생각을 크게 바꾸어놓았다. 그뿐만이 아니라 아랍 세계와 유럽에서도 거리 시위와 폭동 같은 사건들이 터져 나왔다.

이 책은 미국과 세계의 불평등 상태를 생생하게 묘사한다. 더 나아가 그와 같은 불평등을 해소하는 방법을 제시하고 있다.

이 책의 초반부에서는 두 가지 의문에 답을 제시한다. 1%와 99%는 누구인가? 1%의 사람들과 월스트리트는 어떻게 권력을 휘두르는가? 중반부는 그와 같은 불평등이 어떻게 발생했고 왜 중요한 의미를 지니고 있는지를 분석한다. 종반부에서는 모두를 위한 경제를 구축하자는 운동들을 조명한다. 새롭고 건전하며 지속 가능한 경제로 나아가는 정책 아이디어와 비전도 제시할 것이다.

몇몇 학자들은 '99%와 1%'라는 양 극단 사이에 존재하는 다양한 계층들을 통으로 묶어서 단순화했다고 비판할지도 모르겠다. 99% 대 1%는 분명 한편으로는 통계학적이고, 또 한편으로는 상징적인 구조다. 하지만 이 책에서 설명하는 바와 같이 역사 속의 지금 이 순간을 비취보는 중요하고 강력한 프레임이다.

몇몇 사람들은 이 책이 상위 1%와 1%의 계층이 암시하는 '계급투쟁'을 집중적으로 조명한다고 비난한다(나는 이 책의 제목을 짓기 위해 수백 명의 사람들로부터 아이디어를 수집했다. 그중에는 다음과 같이 구미가 당기는 것도 있었다. '부자 먹어치우기 : 계급투쟁을 종식시키는 조리법').

나는 모든 사람들, 즉 사회구성원 모두가 불평등한 우리 사회를 바꾸는 데 참여해야 한다고 생각한다. 찾아낼 수 있는 모든 잠재적인 협력자들이 필요하다. 나는 1% 계층에서 성장했기 때문에 그들을 증오하지 않는다. 그들은 내 가족이자 어릴 적 친구들이다. 그들 모두가 똑같지는 않다. 1% 중에서도 '경제란 모두를 위한 것이어야 한다'고 믿으며 변화를 이끌어내기 위해 노력하는 사람들이 많다. 나는 그들에게서 영감을 얻었다. 이 책 8장에서는 100%를 위한 경제를 구축하기 위해 분투하는 1%의 역할이 얼마나 중요한지 이야기하고 있다.

나는 이틀에 한 번 꼴로 '우리는 99%다'라는 웹사이트에 로그인해서 게시물들과 사진들을 살펴본다. 한 가지는 확실하다. 일자리 부족과 경제 불안, CEO의 과도한 연봉, 갚을 길이 없는 학자금 대출, 계속

되는 빈곤, 몰락하는 중산층 등 99% 운동을 촉발시킨 원인들이 쉽사리 사라지지 않는다는 사실이다. 게다가 상위 1%와 몇 천 개의 다국적 기업들은 언론과 정치권력을 장악하고 변화를 가로막고 있다. 그들은 몇 십 년 동안 극단적 불평등에 힘입어 부를 증식해왔다.

변화가 일어날 때까지는 변화를 촉구하는 압력은 계속될 것이다. 최악의 상태에 직면한 불평등에 대한 불만을 해소할 뿐만 아니라, 세계적인 생태학적 문제들과 경제적 문제들에 대처할 수 있는 100%를 위한 경제를 구축할 적기가 바로 지금이라고 생각한다. 지금 바로 움직여야 한다. 그리고 우리 모두가 한 몫을 담당해야 한다. 모두의 도움이 필요하다. 이 책을 집필한 이유도 바로 여기에 있다.

척 콜린스
매사추세츠 주 보스턴에서
2012년 2월

차례

00. 우리는 모두 99%다 ⋯⋯⋯⋯⋯⋯⋯⋯⋯⋯⋯⋯⋯⋯⋯⋯ **21**
01. 불평등의 역사 ⋯⋯⋯⋯⋯⋯⋯⋯⋯⋯⋯⋯⋯⋯⋯⋯⋯⋯ **29**
02. 1%는 누구인가? ⋯⋯⋯⋯⋯⋯⋯⋯⋯⋯⋯⋯⋯⋯⋯⋯⋯ **48**
03. 1%가 게임의 규칙을 조작한다 ⋯⋯⋯⋯⋯⋯⋯⋯⋯⋯ **67**
04. 점점 황폐해지는 99%의 삶 ⋯⋯⋯⋯⋯⋯⋯⋯⋯⋯⋯⋯ **81**
05. 불평등 생산기계 : 월스트리트 ⋯⋯⋯⋯⋯⋯⋯⋯⋯⋯ **91**
06. 불평등은 우리의 무엇을 파괴하는가? ⋯⋯⋯⋯⋯⋯ **107**

07. 경기 침체를 바라보는 새로운 렌즈 ——— **122**

08. 잠자는 거인이여, 일어나라! ——— **133**

09. 불평등의 악순환을 끊어라 ——— **149**

10. 대담하게 규칙을 바꿔라 ——— **164**

11. 함께라면 무엇이든 가능하다 ——— **200**

00 　우리는 모두 99%다

> 사람들은 가난과 속박, 야만적 행위를 견딜 수 있지만 특권층은 참을 수 없다. -**알렉시스 드 토크빌**(Alexis de Tocqueville, 1805~1859. 자유주의 사상가)

나에게 과세하라!

2011년 가을, 99%로 살면서 겪은 경험을 사진과 글로 불만을 표출하는 웹사이트가 등장했다. 한 젊은 여성은 거기에 이런 글을 올렸다.

> 어릴 적 나는 최초의 여자 대통령이 되겠다는 꿈을 꿨어요. 그런데 지금은 단지 의료보험 혜택이 있는 일자리를 갖고 싶다는 꿈이 있을 뿐이에요."[1]

이라크 전쟁에 참전한 스물일곱 살의 군인은 조국과 국민을 지키기 위해 입대했는데 '정치권력과 연줄이 있는 업자들의 이익을 위해 일하게 됐다'고 말했다.

고국으로 돌아갔더니 경제가 파탄 나 있었다. 경제 파탄의 장본인인 은행가들은 전쟁터에서 봤던 업자들과 똑같은 연줄을 쥐고 있었고 그들과 똑같이 도덕성이 결여되어 있었다……. 내 조국을 위해 싸우는 것은 이번이 두 번째이며, 적을 알고 싸우는 것은 이번이 처음이다. 나는 99%다. [2]

손으로 직접 쓴 어떤 글의 내용은 이러했다.

난 스무 살이다. 대학교에 갈 여건이 안 된다. 이런 상황에서 얻을 수 있는 일자리는 많지 않다. 그밖에 다른 곳들은 아예 '직원을 채용하지 않는다.' 대체 내가 뭘 해서 먹고 살아야 하나? 나는 99%다.

99%를 지원하는 1% 사람들의 목소리를 전하는 웹사이트에서는 칼 슈웨저(Carl Schweser)라는 투자 자문이 이런 글을 남겼다.

나는 주택 융자와 채권의 수학적 문제를 연구하고 공인재무 분석사인 은행가들을 도와주면서 수백 만 달러를 벌었다. 금융 기관에서 은퇴한 나는 안락한 노년을 보내는 반면 간호사와 교사, 군인, 그밖에 다른 사람들이 자신들의 미래와 의료비, 자녀 교육비를 걱정하며 어렵게 사는 것은 불평등하다.

그들은 이 나라의 근간이며, 그들이 있기에 내가 성공할 수 있었다. 나는 모든 사람들이 나처럼 안정적인 미래를 보장받을 수 있도록 세금을 더욱 많이 낼 것이다. 나는 1%다. 나는 99% 편이다. 99%는 미국의 100%와 동일하다.

나에게 과세하라![3]

이런 이야기들이 퍼져나가자 전 세계에서 새로운 움직임이 일어나고 있다. 다음과 같은 통계수치도 그러한 움직임을 자극하는 데 한 몫을 하고 있다.

• 상위 1%는 개인 자산의 35.6%를 차지하고 있으며, 이는 하위 95%의 자산을 모두 합친 것보다 많다. 또한 상위 1%는 금융 자산의 42.4%를 차지하고 있으며, 이는 하위 97%의 자산을 모두 합친 것보다

많다.[4]

- 포브스 선정 400대 부자 명단에 들어가 있는 이들은 하위 계층의 미국인 1억 5천만 명보다 많은 부를 축적해놓고 있다.[5]
- 2010년, 미국 100대 기업 중 25개 기업이 국가에 낸 세금보다 많은 돈을 자사의 CEO에게 지급했다. 전 세계의 상위 1% 기업들이 미국의 세금을 피하기 위해 조세 피난처를 이용한다는 사실에 비춰봤을 때, CEO들이 미국에 내는 세금보다 많은 돈을 받는다면 조세회피 금액은 엄청나게 많을 것이다.[6]
- 2010년, 상위 1%가 총소득의 21%를 벌었다.[7]
- 1983년과 2009년 사이에 증가한 자산의 40% 이상이 상위 1%에게 흘러들어갔고, 증가한 자산의 82%가 상위 5%에게 돌아갔다. 같은 시기에 하위 60%는 오히려 자산을 잃었다.
- 전 세계의 1%에 속하는 백만장자와 억만장자들은 42조 7천억 달러를 소유하고 있으며, 이는 지구상에 사는 하위 30억 인구의 자산보다 많다.
- 중산층의 생활수준이 급락하는 반면, 10,000달러(약 한화 1200만

원) 이상의 손목시계와 람보르기니 스포츠 카 같은 최고급 사치품들의 판매량은 치솟고 있다.
- 2001년과 2010년 사이에 미국 정부는 250,000달러(약 한화 3억 원) 이상을 버는 부자 납세자들에게 상당히 후한 세금 우대 혜택을 베풀면서 1조 달러의 적자가 생겼다. 이는 부시 정부의 세금 감축 정책에 소요된 비용도 포함된 금액이다.[8]

대부분의 미국인들은 점점 심해지는 불평등을 몇 십 년 동안 용인했다. 모든 사람들이 성공의 사다리를 타고 올라갈 수 있다는 믿음이 크게 작용한 탓이었다. 그러다가 2008년 경제 위기가 닥치고 '우리는 99%다' 운동이 설득력 있는 목소리를 내기 시작하면서 미국이 '기회의 땅'이라는 환상은 깨졌다.

모두를 위한 경제는 불가능한가?

점점 더 많은 사람들이 극단적인 불평등을 주시하며 이런 의문을 던지고 있다. 어쩌다가 이런 상태에 이르렀을까? 공정해야 할 규칙들이 어떻게 변했는가? 상위 1%는 누구인가? 그들은 모두 나쁜 사람들인가? 99%보다 1%에게 혜택을 주는 법들이 국회에서 왜 그렇게 많이 통과되는가? 그러나 가장 중요한 질문은 이것이다. 이 상황을 되돌릴 수 있는가? 99%에게 희망이 있는가?

이 책을 끝까지 읽지 않아도 이 의문의 답을 바로 얻을 수 있다. 나는 독자들에게 전하고자 하는 일곱 가지 핵심적인 생각을 이 책에 담았다.

1. 불평등은 우리에게 매우 중요한 문제다. 당신은 어떤 문제에 관심을 많이 갖는가? 아이들과 건강, 교육, 환경, 문화, 집, 여가시간이 우리의 관심사다. 지난 몇 십 년 동안 극단적인 부의 불평등이 우리가 관심 갖는 모든 분야에 악영향을 끼쳤다는 사실을 명심하라.

2. 우리는 '불평등 소용돌이(inequality death spiral)'에 휘말려 살고 있다. 점점 심화되는 부와 권력, 기회의 불평등은 무섭도록 역동적으로 소용돌이치면서 사회구조와 생태계, 경제 상황을 악화시키고 있다. 심화되는 불평등은 블랙홀처럼 우리 공동체의 생기를 빨아먹고 우리의

건강과 삶, 복지, 행복을 해친다. 이런 현상을 막기 위해서 우리의 모든 에너지를 쏟아 부어야 한다.

3. 99% 대 1% 구조는 지금 이 역사적 순간을 비추는 강력한 프레임이다. 99% 대 1% 구조는 우리 사회와 경제에서 무슨 일이 일어나는지를 파악하는 효과적인 수단이다. 또한 살면서 겪는 경험과 극단적인 변화들을 이해하는 수단이기도 하다. 뿐만 아니라 선거에서는 정치와 연관된 중요한 의미를 지닌다. 몇몇 후보들은 '99%를 대변해' 출마해서 '1%만을 섬기는' 반대자들과 맞설 것이다. 99% 대 1% 구조를 받아들이고 거기에 대처해야 한다.

4. 과도한 불평등을 초래한 사람들이 있다. 불평등이 어떻게 심화되었는가? 간단하게 답하자면 상위 1% 중의 소수, 즉 월스트리트의 금융기관에 조직적 기반을 둔 이들이 수십 년 동안 99%를 희생시켜서 1%에게 이롭게 경제 규칙들을 조작했기 때문이다. 그와 같은 규칙들은 월급쟁이들에게 불리하고 많은 자산을 소유한 상위 1%에게 이롭게 자리 잡았다. 예컨대 과세제도와 세계무역, 법률, 공공지출과 관련된 정부의 대처와 정책들이 그렇다. 이러한 규칙의 조작으로 부와 권력의 불평

등이 심화되어 전 세계의 평화와 번영이 위태로워졌다.

5. 상위 1%가 모두 똑같지는 않다. 상위 1%에 속하는 사람들이 모두 다 규칙을 조작하는 것은 아니다. 하위 99%에 속하는 사람들이라고 해서 불평등의 심화에 책임이 없는 것은 아니다. 1% 가운데도 모두를 위한 건전한 경제를 구축하기 위해 헌신하는 이들이 있다. 그러므로 상위 1% 중에서 부와 권력을 이용해 더욱 많은 권력과 부를 얻으려고 하는 '규칙 조작자들'을 주시해야 한다. 규칙 조작자들이 강력한 힘을 지니고 있지만 모든 카드를 가지고 있지 않다는 것은 희망적인 징조다. 게다가 1% 가운데는 보다 더 공평한 세계를 도모하고자 애쓰는 협력자들이 많다.

6. 기업이 모두 똑같지는 않다. 상위 1%에 속하는 개개인들이 저마다 다른 것처럼 1%에 속하는 기업들도 모두 똑같지는 않다. '불평등 생산기계'인 월스트리트에서 활동하며 규칙을 조작하는 다국적 기업들이 수천 개가 있다. 하지만 다행히 그들은 소수에 불과하다. 공동체를 강화하고 100%를 위한 경제에 관심을 갖는 건실한 기업들과 중소 업체들이 수백만 개에 이른다. 그러므로 우리는 비용을 사회에 떠넘기고

일자리를 없애며 공동체와 건전한 경제에서 부를 빼앗아가는 약탈적 대기업들과 같은 위험 대상들로부터 힘을 합쳐 우리 자신을 보호해야 한다.

7. 이러한 불평등은 해소할 수 있다. 희망적인 소식이다. 불평등 소용돌이를 끊을 수 있다는 것이다. 불평등을 악화시키는 상황들을 바꿀 수 있다. 실제로 미국 남북전쟁을 거쳐 대호황시대(Gilded Age, 1890~1928) 이후, 지난 세기에 그와 같은 일을 이루었다. 이제 다시 부의 불평등을 해소하려는 새로운 사회 운동의 씨앗들이 세계 곳곳에서 싹트고 있다.

이 책은 지금까지 어떤 일이 일어났는지, 모두를 위한 경제를 구축하기 위해 어떻게 해야 하는지를 보여줄 것이다.

01 | 불평등의 역사

> 빈부의 격차는 모든 국가를 갉아먹는 가장 오래되고 가장 치명적인 병폐다. -**플루타르크**(Plutarch, 46~120, 그리스 로마 제정기의 시인이자 작가)

　미국은 30년 넘도록 위험한 사회적 실험을 감행했다. 민주주의 사회는 불평등을 어느 정도까지 감당할 수 있을까? 슈퍼리치(super rich) 1%와 나머지 사람들의 격차는 과연 얼마나 더 벌어질 것인가?

　1%와 99%의 삶은 완벽히 분리되고 차단되었다. 1980년에 로널드 레이건(Ronald Reagan)이 대통령으로 선출된 후, 비교적 짧은 시간에 전 세계 소득과 부의 상당액이 부유한 1%의 은행 계좌로 흘러들어갔다. 그중에서도 가장 부유한 0.1%에 집중되었다. 이는 미국만이 아니라 전 세계의 공통된 추세다. 전 세계 시민들 중에서 가장 부유한 1%는 인류의 나머지 사람들과 단절된 채 자신들만의 부와 기회, 수명, 삶의 질을 누리고 있다.

현기증 나는 극단적 불평등

미국은 물론 전 세계에 걸쳐 경제적 불평등은 언제나 존재해왔다. 심지어 2차 세계대전 이후에 '공동번영시대'라 불렸던 1947년부터 1977년까지도 그랬다. 불행하게도 1970년대 후반부터는 사회구조가 현기증 날 정도로 빠르게 재편되면서 극단적인 불평등의 시대가 시작되었다.

부가 급격하게 상류계층에 집중되는 현상은 자연스러운 게 아니라 인재(人災)였다. 조직된 상위 1%의 일부분은 정치가들을 대상으로 로비를 벌여 무역, 조세, 노동, 기업경영과 같은 분야의 법률들을 바꾸었다. 첫째는 월급쟁이들을 희생시켜 자산 소유주들에게 이롭게 경제 규칙을 바꾸었고, 둘째는 지역기반 기업을 희생시켜 세계적 대기업들에게 이로운 규칙으로 바꾸었다. 다시 말해서 자본이 승리하고 노동은 배반당했다.

지난 30년 동안은 열심히 일해서 돈을 벌어도 삶이 나아지지 않았다. 물가상승률을 감안한 '실질소득'은 1970년대 후반 이후로 정체됐거나 하락했다. 한편 자산소득(투자와 부동산, 주식 등으로 얻은 소득)은 급격하게 상승했다. 오늘날과 같은 경제 시스템 아래에서 엄청난 부자가 되기 위해서 필요한 조건은 처음부터 엄청난 부를 안고 뛰어드는 것이다. 부자만이 더 큰 부자가 될 수 있다. 이것은 우리 경제의 추악한 비밀이자 불편한 진실이다.

대부분의 미국인들은 부자들이 점점 더 부자가 되어간다는 사실을 어느 정도 알고 있다. 낡은 주택이 허물어진 자리에 대형 주택들이 새롭게 들어선다는 기사나 대기업 CEO들의 하루 급여가 일반 직장인들의 연봉보다 많다는 기사들을 심심찮게 볼 수 있다. 중산층의 꿈은 무너지고, 개인주의와 과도한 부를 찬양하는 문화가 서서히 나타나는 한편 우리가 의존하고 있는 학교와 도서관, 대중교통, 공원 같은 공동체 시설들이 무너지고 있다.

다양한 목소리

다행스럽게도 1980년 이래로 불평등을 둘러싼 여론이 서서히 불거져 나오고 있다. 1980년대 말에는 불평등의 존재 여부가 주된 논쟁거리였다. 각계 전문가들과 학자들이 불평등에 관한 자료들을 제시하며 논쟁을 벌였다. 리처드 닉슨(Richard Nixon) 대통령의 연설문 작성가였던

케빈 필립스(Kevin Phillips)는 1980년대의 소득 불평등을 비난하는《부자와 빈자의 정치The Politics of Rich and Poor》라는 책을 저술했다.[1] 하지만 다른 사람들은 그가 잘못된 사실들을 제시했다고 반박하거나 그의 연구방법론에 이의를 제기했다.[2] 2000년에 들어서자 소득 불평등에 관한 여론은 하나로 모였다. 앨런 그린스펀(Alan Greenspan)과 조지 W. 부시 대통령은 소득 불평등 추세를 크게 염려하는 연설을 했다.[3]

공적 토론의 방향도 그러한 불평등의 원인과 중요성으로 선회했다. 대부분의 사람들이 빈곤, 다시 말해서 적은 소득과 자원 부족, 사회적 소외가 문제라는 주장에 동의했다. 부자가 얼마나 부유한가는 중요한 문제일까? 보다 더 큰 사회에서 부의 집중이 중요한 문제가 될까?

이에 관한 논쟁은 오랜 세월동안 계속 되어왔다. 몇몇 연구자들은 부의 이동성과 기회가 존재하고 빈곤이 완화되는 한 불평등은 중요한 문제가 아니라고 주장한다. 또 어떤 연구자들은 경제 구조 밑바닥에 있는 사람들이 불평등한 상황에 자극을 받아 더 열심히 일을 하기 때문에 불평등이 오히려 좋은 요소라고 생각한다.

대부분의 사람들은 하루하루 삶에 지쳐 경제의 변화 추세를 읽지 못한다. 몇몇 사람들은 다람쥐가 쳇바퀴를 돌듯 더 열심히 일하고 더 빨리 달릴 뿐, 언제나 제자리인 재정 상태에 머물게 된다. 혹은 설 곳을 잃은 채 꿈꾸던 미래의 경제적 안정이 사라져가는 것을 지켜보기만 해야 한다. 암울한 불평등이 감시가 소홀한 틈을 타서 슬금슬금 뻗어 나오고 있다.

왜 사람들은 불평등에 관대할까?

이제 사람들은 모든 걸 알게 됐다. 여론 조사에 따르면 사람들은 부의 불평등과 그것이 경제적 삶에 미치는 파괴력을 훨씬 더 경계하기 시작했다.

미국은 다른 나라들에 비해서 역사적으로 불평등을 상당히 너그럽게 생각해왔다. 수십 년 동안 대다수의 미국인들은 과도하게 부를 축적한 사람들의 이야기에 이렇게 반응했다. "그게 어때서?" 혹은 그들의 성공과 엄청난 부에 감탄하거나 존경심을 표했다.[4]

2008년 이전의 여론 조사에 따르면, 대다수의 미국인들은 심화되는 불평등으로 고통을 받으면서도 소득 불균형은 개개인의 차이 때문에 발생하는 결과라고 생각했다. 결국 사람들의 경제적 지위는 각자의 능력을 발휘해 열심히 일하고 노력해서 얻는 대가라고 여겼다. 대부분의 미국인들은 사회이동 측면에서 누구나 공평하게 부를 얻고 동일한 기회를 잡을 수 있다면 소수가 엄청난 부자가 되어도 신경 쓰지 않았다.[5]

하지만 2008년 경제위기 이후, 대중의 태도가 달라졌다. 한때 안정적이었던 중산층이 경제적 불안에 노출되면서 무너졌다. 또한 우리 아이들의 삶이 우리보다 더 나아질 것이라는 전망, 즉 미국의 세대간 지위 이동성(intergeneration mobility)도 다른 산업국가보다 훨씬 낮아졌다. 현재는 부의 불평등이 문제가 된다고 생각하는 사람들이 훨씬 많다. 또한 부유한 1%가 게임의 규칙들을 자신들에게 유리하게 바꾸어 엄청난 재산을 축적했다고 생각하는 사람들이 점점 많아지고 있다.

이처럼 불평등에 대한 불만이 쌓이고 있음에도 불구하고, 불평등 문제는 여전히 공적 토론에서 배제되고 있다. 워싱턴의 정책 토론은 미국 대중의 실질적인 관심사와 단절되어 있다. 예컨대 미국 국회는 높은 실업률과 주택 압류, 기업의 탈세, 중산층의 몰락보다 국가부채와 부채 한도 같은 문제들에 사로잡혀 있기 때문이다. 대부분의 사람들은 점점 심화되는 불평등 문제와 권력자들의 무모하고 근시안적인 대응들을 바꿀 수 없다고 느낀다. 공중파를 장악한 대다수의 기업 언론이 불평등은 공적 감시나 토론의 대상으로 삼을 가치가 없다는 점을 선전하고 있기 때문일 수도 있다.

최근까지는 이 전략이 매우 효율적으로 통했다. 그러다가 월스트리트를 장악한 시위자들과 전 세계에서 일어나고 있는 '99%' 시위 덕분에 여론이 달라지기 시작했다. 시위가 새로운 형태를 보이고 있지만 여론의 근본적인 변화는 계속 일어나고 있다.

2011년 여름과 가을에 실시된 언론 분석에 따르면, 언론의 관심은 부채에서 실업률과 불평등, 월스트리트로 이동했다.[6] 2011년 10월에는 대중의 3분의 2가 부는 더 공평하게 분배되어야 하며, 국회는 기업에 대한 세금 감면을 철회하고 백만장자들의 소득세를 높여야 한다고 믿고 있다.[7]

불평등에 관한 이러한 감정들은 한동안 변할 것 같지 않다. 사람들의 깊은 분노가 호응을 얻고 있기 때문이다. '우리는 99%' 웹사이트 같은 곳에 올라오는 유창한 글들이 너무나 오랫동안 묻혀 있었던 고통과

아픔, 불안, 분노를 표출하고 있다. 이제 물러설 수 없는 상황에 이르렀다. 부유한 1%가 아니라 모두를 위한 경제를 건설해야 한다는 단순한 요구사항이 강력한 힘을 얻어 반향을 일으키고 사람들을 고무시키고 있다.

현재의 정치 시스템은 상위 1%의 관심사에 좌우되고 소수의 세계적 기업들에게 장악당한 상태다. 그러기에 더욱 번영을 공유하자는 요구에 제대로 부응할 수 없다. 따라서 실질적인 변화를 촉구하는 압력은 계속 이어질 수밖에 없다.

'나는 99%다'

월스트리트 점령 시위 현장에서 '우리는 99%다'라고 손으로 쓴 팻말 하나가 등장했다. 곧이어 '나는 99%'라고 토로하는 글들이 올라오는 웹사이트가 생겨났다.[8] 한 여성 퇴역군인은 이 나라를 위해 목숨 바치려는 친구들이 있었고, 자신은 학자금 대출을 받지 않아 다행이라고 생각한다는 글을 썼다. 하지만 그녀의 약혼자는 75,000달러 이상을 대출받을 예정이라고 했다.

나는 간호사 자격증이 있는 대졸자이지만 취업 전망이 밝지 않다. 취업을 준비한 지 일 년이 지났다…… 나는 고학력이라 식당 종업원 같은 시시한 일자리를 얻을 수도 없다. 나는 99%다.[9]

또 다른 젊은 여성은 2월에 결혼할 예정인데 23,000달러의 학자금 대출을 갚고 의료비가 필요한 아버지를 돕기 위해 식당에서 시간당 8달러를 받고 일하기 때문에 결혼 자금을 모을 수 없다는 글을 올렸다.

언젠가는 가정을 꾸리고 싶은데 미래가 밝지 않다. 난 아직 스무 살도 되지 않았는데 벌써부터 빚이 내 인생을 통째로 집어삼킬 것 같다는 두려움이 든다. 나는 99%다.

'우리는 99%다'는 경제를 바라보는 새로운 방식을 알리는 선언문이 되었다. 99% 대 1%라는 관점으로 세상을 바라보면 이런 질문들을 던질 수 있다. 이 정책은 하위 99%에게 도움이 될까? 이 정치가는 상위

1%의 대리인이 아닐까? 당신은 어느 편인가?

남북전쟁 이후 첫 번째 대호황시대: 1890년~1929년

지난 백 년의 불평등 역사를 돌이켜보면 예전에도 극단적 불평등이 팽배했던 시대가 있었다. 변화를 갈망하는 사람들이 그 문제를 해소하는 데 한 몫을 담당했다. 이러한 역사는 현재 우리가 살고 있는 시대의 불평등을 해소하는 데 길잡이 역할을 할 수 있다.

가장 최근에 미국 사회에서 불평등이 극심했던 시기는 1890년에서 1928년까지 오랫동안 지속되었던 대호황시대였다. 산업 혁명 이후에 부의 불평등이 더욱 두드러졌다. 당시에는 록펠러(Rockfeller)와 카네기(Carnegie), 밴더빌트(Vanderbilt)처럼 '강도 귀족(robber baron)'이라 불리는 부자들이 엄청난 경제력과 정치적 영향력, 문화적 힘을 휘둘렀다. 또한 1세기 전에 '기업집단화'와 '트러스트(trust)'라 불렸던 소수의 거대 독점기업들이 정치 시스템을 장악하고 단기적으로 엄청난 이득을 챙겼다.

학자들의 추정에 따르면 1929년에는 가장 부유한 1%가 총 개인

자산의 44%를 소유했다. 오늘날에는 그 수치가 약 35.6%에 달한다.[10] 또한 기업 합병률과 독점률도 특히 철도와 은행, 강철 생산과 같은 중공업에서 놀라울 정도로 높았다. 1897년과 1904년 사이에 약 4,227개 기업들이 합병해서 그 수가 257개로 감소했다.[11]

역사학자 제임스 휴스턴(James Huston)이 관찰한 바에 따르면, '기업연합(pool)과 트러스트(trust), 합병의 물결이 일면서 대기업이 미국 경제의 생산 분야를 장악했다. 이와 같은 변화가 일어나자 학자들은 부의 분배가 영구적으로 왜곡되고, 정부의 기능이 축소될까봐 공황에 빠졌다.[12]

남북전쟁 이후 대호황시대에는 불평등의 결과에 대한 토론이 활발하게 일어났다. 사회 평론가들과 종교 지도자들, 앤드류 카네기(Andrew Carnegie) 같은 사업가들은 부와 권력이 집중되면서 민주주의와 경제, 문화를 위협할 것이라고 경고했다. 결국 이로 인해 미국의 시험적인 자치 통치의 기반이 되는 모든 이상적 조건이 산산조각날 것이라고 확신했다.[13]

저널리스트 헨리 디마레스트 로이드(Henry Demarest Lloyd)는 '공공복지에 반하는 부'가 대호황시대의 특징이라고 보았다. 집중된 부가 보다 더 큰 공공의 선을 갉아먹었기 때문이다. 군주정치의 세습 통치를 무너뜨렸던 독립혁명 이후, 미국은 부유한 최상류층이 지배하는 금권주의 사회에 가까워지고 있었다. 이 시대에 미국 상원의회는 부자와 기업의 이권에 좌지우지되는 포로와 다름없었다.[14] 당시에 젊었던 루이스 브랜데이스(Louis Brandeis)는 이렇게 말했다. "소수의 손에 부를 쥐어 주거나 아니면 민주주의를 실현할 수 있다. 하지만 그 두 가지를 동시에 할 수는 없다."[15]

1910년에 하위 99%로 살아가는 삶은 여지없이 암울했다. 그 당시 사람들에게는 부와 권력의 집중 현상은 바꿀 수 없는 것으로 보였음이 틀림없다. 다음 세대가 상대적 평등과 공동 번영의 시대를 맞이할 줄은 상상조차 하지 못했을 것이다.

대호황시대는 1929년에 막을 내렸는데, 대공황과 두 차례의 세계대전 탓이기도 했다. 하지만 극단적 불평등의 파괴적 영향력에 반발하는 정치 지도자들과 대중 운동의 힘이 컸다. 종교 지도자들과 도시 노동자들, 시골의 민중주의자들과 농부들, 시민 지향적 정치가들은 근본

적인 제도 변화와 개혁을 옹호했다.[16]

이러한 개혁가들은 정치인들에게 부의 집중을 완화하고 번영을 확대하는 정책을 만들도록 압력을 행사했다. 1916년에는 소득과 부의 집중을 완화하겠다는 뚜렷한 목표를 갖고 연방소득세와 상속세 통과와 같은 변화를 지지했다.[17] 그밖에도 아동 노동을 금지하고 기업 독점을 해체하며(반트러스트법) 기업 규제를 확대하고 가난과 열악한 주거환경을 개선하기 위해 사회복지비용을 마련하는 법률들이 생겨났다.

이와 같은 변화가 일어나면서 부의 불평등이 크게 완화되는 긍정적인 효과가 나타났다. 1%가 소유한 부가 1929년에는 44%, 1970년에는 20%로 감소했다.[18]

공동 번영의 시대: 1947~1977년

1930년부터 1960년대까지 부유한 1%가 아니라 중산층의 확대에 중점을 둔 법률이 제정되면서 2차 세계대전 이후 수십 년 동안 공동 번영의 시대가 이어졌다. 몇몇 경제학자들은 상대적 평등이 찾아왔던 그 시대를 '대압착시대(Great Compression)'라 불렀다.

어떻게 이런 일이 가능했을까? 대공황 때 자산가들이 몰락한 탓이기도 했지만 그에 못지않게 중요한 이유가 있었다. 우리 사회가 부의 집중을 완화하고 중산층의 확대를 장려하는 평등 지향적 의제들을 추진했기 때문이다.[19]

중산층 지향적 의제 경제 규칙들은 중산층, 특히 백인 가구 중심의 중산층을 확대하기 위해 마련된 것이었다. 세수는 교육 기회를 늘리고 주택 소유 비율을 높이며, 기반 시설을 확충하는 데 투자되었다.

• **무상 고등 교육 확대**: 제대군인 원호법(GI Bill)과 같은 프로그램들은 1945년에서 1955년 사이에 귀환한 참전군인 1100만 명 이상에게 무상 대학교육을 제공했다. 그밖에도 펠 그란트(Pell Grants) 장학금과 다른 교육 장학금들, 저금리 대출을 통해 참전군인들 이외의 다른 집단들에게도 혜택이 돌아갔다.

• **주택 소유 확대**: 농민주택청(Farmers Home Adminstration)과 연방주택청(Federal Housing Adminstration) 모기지 보험과 주택 대출처럼 주택 소유의 확대를 목표로 삼는 정부 프로그램들은 낮은 고정금리로 40

년 주택융자를 제공했다. 1945년과 1968년 사이에 주택을 소유한 미국 인구가 44%에서 63%로 증가했다. 이와 같은 투자로 주택을 소유한 세대들이 부를 쌓아나갔다.[20]

부의 집중 완화

대공황에서 빠져 나올 무렵, 부와 기업 권력의 집중을 완화하려는 대담한 정책들이 다수 등장했다.

• 고(高)소득과 자산에 과세: 1916년, 국회는 누진 상속세와 고소득세를 시행했다. 덕분에 한 세대 동안 부의 불균형이 크게 완화되었고 중산층을 위한 정책 시행에 들어가는 세수가 늘어났다.

• 기업 감독과 법인세 과세: 대공황 이후 기업들은 훨씬 더 공개적으로 감독을 받았고, 세수로 전쟁 물자를 지원하고 사회 기반 시설을 구축해야 했다.

• 월스트리트의 힘에 상응하는 노동력 키우기: 노동자들이 경제 분야에서 더 큰 목소리를 낼 수 있도록 보다 더 큰 노동자 조직을 허용하

는 규칙들을 제정했다.

이처럼 규칙들이 달라지자 공동 번영이 미국 사회 전역으로 광범위하게 퍼져 나갔다. 2차 세계대전 이후 1947년부터 1977년까지 30년 동안 경제 스펙트럼 전역에서 실질 소득이 증가했다. 이 시기에는 가장 소득이 높은 1%의 소득이 나머지 사람들의 소득과 동일한 비율로 상승했다. 사회의 거의 모든 구성원들이 혜택을 보았는데 특히 백인과 남성이 그러했다.

여기서 중요한 역사적 교훈과 정치적 목적을 찾아볼 수 있다. 그것은 바로 한때 미국 역사 속에 존재했던 극단적 불평등이 해소되었다는 것이다. 그와 같은 불평등은 인재(人災)이기 때문에 바꿀 수 있었다.

분리 성장: 1977년~현재

2차 세계대전 이후의 '동반 성장' 시대는 지난 30년 동안 소득과 부가 불평등하게 성장했던 '분리 성장' 시대와 뚜렷한 대조를 이룬다. 이와 같은 불평등의 원인들은 앞으로 자세하게 파헤쳐보겠지만 그 이유를

불평등의 역사 45

표1. 2차 세계대전 이후의 동반 성장과 1979년 이후의 분리 성장 추세

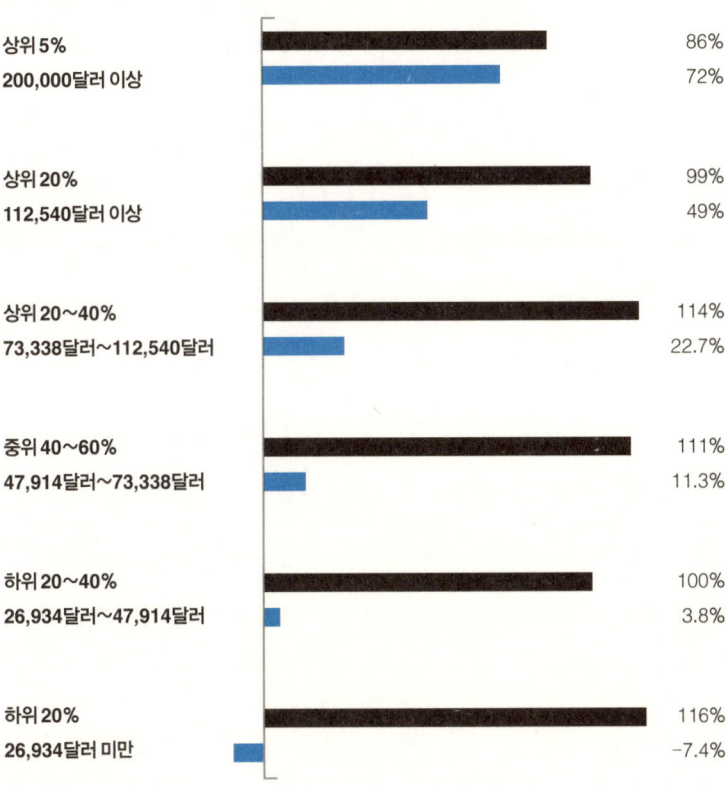

■ 동반 성장 시대: 1947~1979   ■ 분리 성장 시대: 1979~2009

간단하게 설명하자면 이렇다. 경제를 지배하는 규칙들이 99%를 희생시키고 부유한 1%에게 이롭게 바뀌고, 중소기업들을 희생시켜 월스트리트의 상위 대기업들에게 이로워졌기 때문이다.

1970년대 후반부터 미국의 많은 대기업들이 해외에 공장을 설립하면서 상당수 미국인들의 실질 임금이 정체되기 시작했다. 1976년과 1990년 사이에 하위 20%의 실질 임금은 사실상 하락했다.

이처럼 암울한 임금 추이는 두 가지 이유 때문에 더욱 악화되지는 않았다. 첫째, 가구당 근로 시간이 증가한 것이다. 특히 훨씬 더 많은 여성들이 직업 일선에 뛰어들었다. 그 덕분에 실질 임금이 하락하는 반면 의료보험료와 주거비용이 상승해도 몇몇 가구는 생계를 유지할 수 있었다.[21]

둘째, 대출이 쉬워졌다는 것이다. 하위 80% 가구가 임금 하락이나 동결로 부족해진 자금을 충당하기 위해 과도한 대출을 받았다. 그들은 신용카드와 고금리 소비자 금융을 이용했는데 몇몇 사람들은 20%가 넘는 이자를 지불했다. 집을 소유한 사람들은 집을 담보로 삼아 대출을 받았다.[22]

수백만 가구가 임금 정체와 자산 하락으로 점점 더 가난해졌고 안정된 일자리를 얻지 못했다. 어떤 사람들은 임금 하락에도 불구하고 늘어나는 지출을 대출과 추가근로로 충당하며 중산층의 삶을 살고 있다는 착각에 빠졌다. 새 차와 평면 텔레비전을 구입하고 고급 레스토랑에서 외식을 했다. 하지만 이들은 실질 임금이 상승했기 때문이 아니라 훨씬 많은 시간을 일하고 대출을 늘려서 중산층 수준의 소비를 감당했던 것이다. 바로 이것이 2008년 경기 침체의 씨앗이 되었다.

02 | 1%는 누구인가?

> 우리는 소수의 손에 부를 쥐어주거나 아니면 민주주의를 실현할 수 있다. 하지만 그 두 가지를 동시에 가질 수는 없다. **―루이스 브랜데이스**(Louis Brandeis, 1856~1941. 미국의 대법관, 대법원장 역임)

'1%' 구조는 지난 몇 십 년 동안 일어났던 극적인 변화들을 설명하는 유용한 프레임이다. 또한 부의 양극화를 조장한 책임자들을 상징할 뿐만 아니라 실질적인 인구 통계 자료다. 물론 '1%'라는 상징에도 명백한 한계가 있다. '월스트리트'로 대표되는 부유한 대기업들의 역할을 살펴볼 때도 부유한 개인들을 주목해야 한다. 불평등 생산기계인 월스트리트, 그리고 1% 개인들과 기업들 간의 상호작용은 5장에서 자세히 다루겠다.

'99% 대 1%'라는 개념의 또 다른 한계는 상위 1%의 사람들이 모두 똑같이 생각하며 행동한다고 가정한다는 점이다. 1% 중에는 100%를 위한 더 나은 세상을 건설하는 데 인생을 바치는 사람들도 있다. 그러므로 우리는 상위 1% 중에서 자신들의 특권과 부, 권력을 영원히 놓치지 않으려고 부와 권력을 이기적으로 사용하는 게임의 규칙 조작자들에게 분노를 퍼부어야 한다.

1%는 정적인 집단이 아니다. 예컨대 상위 1% 급여 소득자에 속하는 사람이 상위 1% 자산 보유자는 아닐 수도 있다. 또 부유한 1% 중 하위에 속하는 백만장자들은 포브스 선정 400대 부자에 속하는 억만장자들과 완전히 다른 삶을 살아간다. 같은 1%라고 해도 순자산 500만 달러를 소유한 사람은 조지 소로스(George Soros)와 데이비드 코크(David Koch) 같은 억만장자들에 비해서 경제적으로나 정치적으로 상당히 약한 힘을 행사한다.

1%에게 흘러들어가는 혜택과 특권들이 1%에게만 영향을 미치는 것은 아니다. 상위 2%와 심지어는 상위 20%도 슈퍼리치들에게 이롭게 변하는 규칙들에 힘입어 부를 크게 증식시켰다.

이 자료에 따르면 경제 피라미드의 꼭대기에 가까워질수록 더 큰 몫의 부와 소득을 얻는다. 주로 상위 1%가 얻는 투자소득이 점점 높아지는 반면 근로소득과 급여소득은 정체되기 때문이다.

1% 안에 속한 사람들

그렇다면 상위 1%에 들어가는 조건은 무엇인가? 1%는 얼마나 많은 자산과 부를 소유하고 있는가? 상위 1% 중에서도 가장 부유한 0.1%는 어떠한가? 1% 중에서 적극적인 규칙 조작자들과 99%와 함께하고자 하는 1%를 어떻게 구분할 수 있을까? 2010년에 미국 인구는 3억 1천 5백만 명(1억 5천 2백만 가구)을 넘어섰다. 그러므로 미국 인구의 1%는 약 300만 명(150만 가구)이다.

상위 1%인지 아닌지 측정하는 수단은 무수히 많다. 연간 소득과 자산(자산은 가진 것에서 빚진 것을 뺀 순자산을 말하기도 함)을 평가하는 것도 그중 하나다. 소득 상위 1%와 자산 상위 1%, 이 두 집단은 대체로 중복되지만 완전히 일치하지는 않는다. 고소득자지만 순자산이 적은 사람들이 많다. 이와는 반대로 자산은 많지만 납세 신고서 상으로 봤을 때는 상대적으로 소득이 낮은 사람들도 많다.

소득

상위 1% 급여 소득자에 속하려면 연간 50만 달러(약 한화 6억 원) 이상을 벌어야 한다. 그것이 1% 클럽의 최소 조건이다. 1%의 평균 소득은 연간 150만 달러(약 한화 18억 원)다.[1]

2010년에는 연소득 상위 1%가 국가 전체 소득의 21% 이상을 벌었다. 상위 1%에게 흘러들어가는 소득의 비율은 근래 몇 십 년 동안 꾸준히 상승했다. 2007년에는 23% 이상까지 올랐다.[2]

1979년과 2007년 사이에는 상위 1%가 전체 소득 증가분의 약 60%를 차지했다. 그동안 물가상승을 감안한 상위 1%의 평균소득은 224% 증가했다. 하위 90%는 소득 증가분의 8.6%만 차지했고, 그들

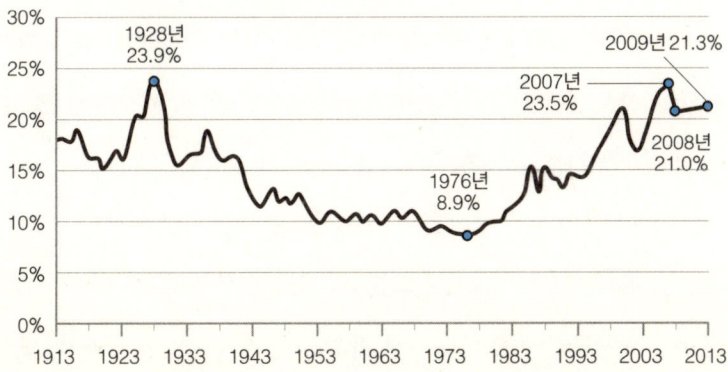

표2. 총 세전 소득에서 1%가 차지하는 몫(1913~2009)

의 소득은 겨우 5% 증가했다.[3]

소득은 누군가의 은행계좌에 연간 어느 정도의 돈이 흘러 들어가는지를 말해준다. 하지만 저축과 투자금, 부동산 소유권을 포함한 자산은 권력의 영속성과 안전성의 척도가 된다.

자산

자산은 가진 것에서 빌린 것을 뺀 금액이다. 그러므로 개인 자산에는 주택과 토지, 주식, 채권, 모터보트, 다이아몬드 반지처럼 사고 팔 수 있는 것들이 포함된다.

상위 1%에 속하는 자산가가 되려면 순자산(총자산-부채)이 5백만 달러(약 한화 60억 원) 이상이어야 한다. 경제정책연구소(Economic Policy Institute)에서 실시한 자료 분석에 따르면 상위 1%의 평균 자산은 1,410만 달러(약 한화 170억 원)다.[4] 2009년에는 가장 부유한 1% 가구가 모든 개인 자산의 35.6%를 차지했다. 1976년에는 약 20%에 달했다.

자산 통계에는 주택 소유권이 포함되는데, 대부분의 가구에서 가장 큰 재산은 주택이다. 주식과 채권, 유동자산, 저축과 같은 금융자산을

표3. 미국의 자산 분배(2009년)

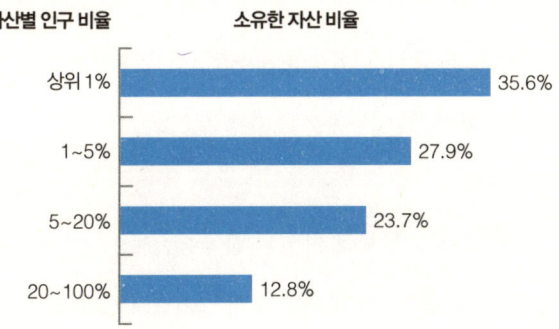

표4. 미국 주식 시장 자산의 분배(2009년)

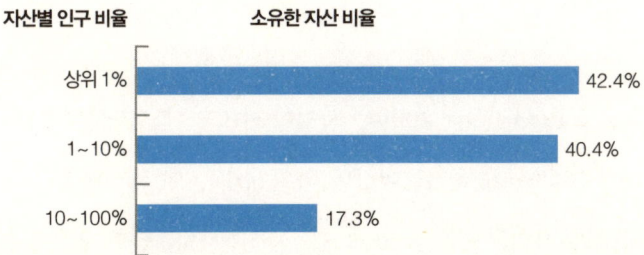

평가하면 부의 불평등한 분배 상태를 더 정확하게 그려볼 수 있다.

가장 부유한 1%는 2009년 전체 금융자산의 42.4%를 소유했다. 상위 10%는 전체 금융 자산의 82.8%를 차지했고, 그에 비해서 하위 90%는 17.3%를 소유했다. [5]

• 자산 상실: 2008년 경기 침체로 자산의 불평등 양상이 달라졌다. 부자들은 자산 감소를 경험했지만 대체로 다시 일어날 수 있었다. 하지만 미국 가구의 과반수는 설 땅을 영원히 잃어버렸다. 경제정책연구소(EPI)의 조사에 따르면 주택 가격이 하락하면서 하위 95%가 자산을 상실했다. [6] 중산층과 아프리카계 미국인 가구들이 가장 많은 자산을 잃었다.

결론적으로 1983년부터 2009년 사이에 전체 자산 증가분의 82%가 가장 부유한 5%에게 흘러들어갔다. 하위 60%는 이 시기에 자산이 증가하기는커녕 오히려 이들의 2009년도 자산은 1983년도 자산보다 줄어들었다.

1%의 다양성

백만장자와 억만장자가 다 같은 사람들이 아니라고 하면 의아해할지도 모른다. 하지만 상위 1% 내에도 놀랍도록 다양한 사람들이 있다.

다음 표에서 드러난 계층화는 미국 내의 권력과 지위가 누구에게 집중되어 있는지 알려주고, 100%를 위한 경제를 건설하기 위해 가장 큰 힘을 행사해야 하는 사람들이 누구인지를 보여준다. 또한 상위 1%

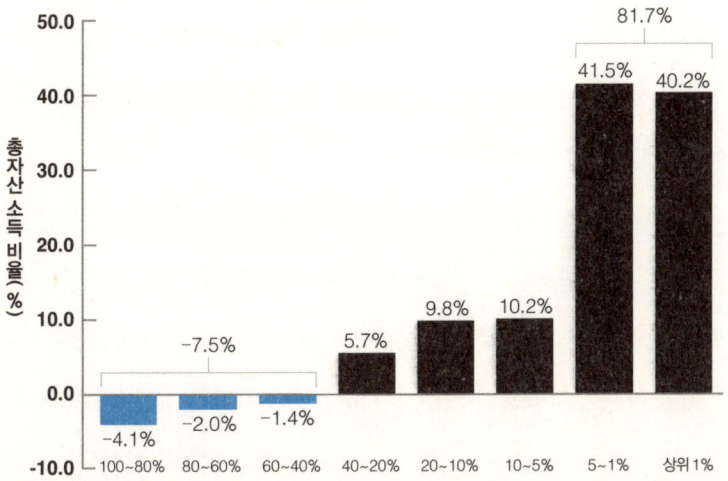

표5. 자산 증가분은 대체로 상위 5%에게 흘러들어감(총자산 소득 비율 변화, 1983~2009)

내부의 게임 조작자들이 누구인지 알아내는 데도 도움이 된다.

부자 왕국, 리치스탄

〈월스트리트 저널〉에서 슈퍼리치들의 연대기를 전담해서 작성하는 저널리스트 로버트 프랭크(Robert Frank)는 자신의 저서 《리치스탄Richistan: A Journey Through the American Wealth Boom and the Lives of the New Rich》에서 매우 재미있는 부의 구조모형을 제시했다.[7] 하위 리치스탄과 중간 리치스탄, 상위 리치스탄, 억만장자 왕국이라는 구분을 제시한 것이다. 프랭크는 지위와 권력의 격차를 설명할 때 연간소득보다 자산이 훨씬 중요한 기준이라고 생각한다. 프랭크의 구조모형과 필자의 분석을 종합하면 아래와 같다.

하위 리치스탄에는 100만~1,000만 달러 사이의 자산을 보유한 약 800만 가구가 속해 있다. 이들은 상위 3%다. 그들은 대도시 주변의 부유한 교외 지역에 거주한다. 그곳은 컨트리클럽과 고급 식당, 호화 리조트에 드나드는 사람들의 거주지다. 하지만 백만장자 옆집에서 검소하게 사는 이웃들도 있다.[8] 그들은 2차 세계대전 이후에 차근차근 부를 쌓았다. 이들의 자산은 근로소득과 소규모 사업운영, 주식투자에서 나온 것이다. 이들의 주거용 주택은 약 100만 달러가 넘는다. 이들은 여전히 민간 항공기를 타고 다니지만 가끔씩 일등석을 이용한다.

중간 리치스탄에는 1,000만~1억 달러 사이의 자산을 보유한 200만 가구가 속해 있다. 이들은 확실한 상위 1%다. 이들의 자산은 사업운영과 투자, 약간의 근로소득에서 나온 것이다. 이들의 주거용 주택은 대략 400만 달러지만 이들은 여러 채의 주택을 소유하고 있다. 이들 중에서도 가장 부유한 사람들은 개인 전용기를 타고 다닌다.

상위 리치스탄에는 1억 달러 이상의 자산을 보유한 약 1만 가구가 속해 있다. 이 부류에는 기업가, 헤지펀드 매니저, CEO, 자산왕국 가문의 상속자들이 있다. 이들의 주거용 주택은 평균적으로 약 1,600만 달러에 달한다. 이들은 개인 전용기를 이용한다. 자산관리 회사들이 이들의 자산과 자선 활동을 관리해주고, 이들의 다양한 부동산과 거주지를 관리하는 숙련된 집안 일꾼들과 다른 고용인들을 감독한다.

프랭크는 이렇게 적었다. '상위 리치스탄에 살면 돈에 대한 철학이 달라진다. 평생 동안 써도 자산 전부는커녕 일부조차도 다 쓸 수 없고,

돈을 헤프게 써도 돈은 점점 더 불어난다. 그러므로 상위 리치스탄에 속한 사람들은 100년 후의 금융 계획을 세운다. 뮤추얼 펀드는 사지 않고 삼림지와 석유굴착장치, 사무실 빌딩을 구입한다.'[9]

억만장자 왕국은 약 700~1,000가구로 구성되어 있다. 이들 가운데 몇몇은 자신들이 포브스 선정 400대 부자 명단에 노출되지 않게 조치를 취했고 다양한 국외 은신처에 자산을 숨겼다. 이들의 주거지는 일정치 않고 이곳저곳을 돌아다닌다. 집이라기보다는 사실 주택단지에 더 가깝다. 이때 하인들이 먼저 가서 디너파티와 행사를 준비한다.

상위 1%는 어떻게 탄생하는가?

한 자료에 따르면 지난 30년 동안 부유해질수록 훨씬 더 높은 비율의 소득과 부를 얻었다. 1% 중에서도 가장 부유한 0.1%는 보통 백만장자들보다 훨씬 더 급격하게 소득과 부를 증식시켰다. 이들 가구의 연간 최저 소득은 750만 달러(약 한화 90억 원)다.[10]

1979년과 2007년 사이에 상위 1%가 전체 소득 증가분의 60%를 차지했을 때 상위 0.1%는 36%를 차지했다. 이 시기에 상위 1%의 소

득은 224% 증가했고, 상위 0.1%의 소득도 360%나 증가했다.[11]

이 집단에서 포브스 선정 400대 부자들은 가장 성공한 사람들로 볼 수 있다. 매년 포브스에서 400대 부자들을 선정해 그들이 어떤 사람들인지, 어떤 생활을 하고 있는지를 자세히 조사하기 때문에 이들의 동향은 살펴보기 쉽다. 2011년에 포브스 400대 부자들은 총 1조 5,300만 달러의 개인자산을 보유했다. 이는 2010년에 비해 12% 상승한 것이었다. 경제위기가 닥치기 전, 2007년에도 이들은 총 1조 5,700만 달러나 보유하고 있었다.[12]

포브스가 선정하는 400대 부자에 진입하는 문턱은 점점 높아지고 있다. 1982년에 포브스가 처음으로 400대 부자 명단을 작성했을 때는 최소 750만 달러(약 한화 90억 원)만 보유해도 400대 부자에 들어갈 수 있었다. 400대 부자 명단에서 억만장자는 13명에 불과했고 그들의 평균 자산은 2억 3,000만 달러였다. 그러나 2011년에는 최소 10억 5,000만 달러가 있어야 400대 부자에 들어갔다. 400대 부자의 평균 자산도 38억 달러로 늘어났다.

물가상승을 감안해도 이 집단에서는 어지러울 정도로 빠르게 부가

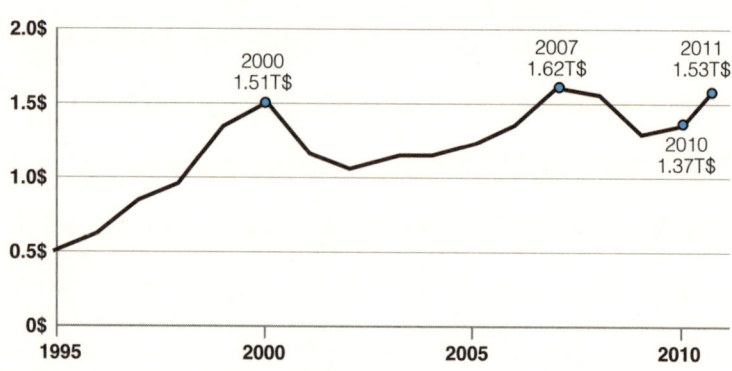

표6. 포브스 선정 400대 미국인 부자들의 총자산(1995~2010, 단위는 조 달러)

팽창했다. 1982년도의 2억 3,000만 달러는 물가상승을 감안했을 때 2010년도의 5억 4,000만 달러와 동일하다. 이 정도 자산으로는 현재의 400대 부자 명단에도 들지 못한다. 1982년과 2011년 사이에 포브스 선정 400대 부자들의 총자산은 물가상승률을 감안해도 612%나 증가했다.[13]

2011년도 포브스 선정 400대 부자 중에서 122명이 400대 부자 타이틀을 지켰다. 여자는 42명뿐이었고, 49명이 최첨단 산업으로 부를 축적했다. 반면 대다수는 국내 경제를 뒤흔드는 두 요소, 즉 금융과

부동산으로 부를 축적했다.[14]

1970년대 이후 자산과 소득이 많은 사람들에게 우호적인 경제 규칙들이 늘어났다. 예컨대 가장 최근의 국세청(IRS) 자료에 따르면, 부유한 납세자 400명은 소득세 실효세율 18.1%만 납세했다(실효세율 : 각종 공제나 조세 감면 조치 등에 의해 법정 세율과 실제 세금 부담률이 차이가 있을 경우, 현실적으로 납세자가 부담하는 세액의 과세표준에 대한 비율을 말한다). 이는 1961년도의 43.1%에서 급격하게 낮아진 수치였다.[15]

상위 1% 중에는 월스트리트나 대기업과 연을 맺은 개인들 그리고 기업에 영향력을 행사할 수 있는 권력을 가진 초특급 부자계층이 있다. 그 1%가 어떻게 힘을 행사하는지는 다음 장에서 다루겠다.

세계의 1%는 어떤 사람들인가?

세계 속 상위 1%도 마찬가지다. 미국에서 상위 1%에 속하는 사람들은 전 세계에서 경제 규칙들의 혜택을 많이 받는 고소득 자산보유자들 가운데 일부다.

하지만 미국에서 99%에 속하는 사람들도 전 세계로 보면 상위 5%

에 속할 것이다. 그러므로 미국인들은 불평등을 심화시키는 세계적인 규칙 변화에 어떤 방식으로 협력했는지 살펴볼 책임이 있다. 물론 자산 불평등을 부추기는 규칙 조작에 적극적으로 관여하는 사람들은 전 세계 상위 5% 중에서도 소수에 불과하다. 하지만 미국인들은 세계적인 분리 성장 현상을 용인하고, 다른 수십 억 명을 희생시킨 대가로 얻은 경제적 특권들을 누리고 있기 때문에 그 사태를 방관한 책임을 져야 한다.

극단적 불평등 추세는 미국에만 국한된 일이 아니다. 전 세계적으로 모든 나라에서 부유한 1%와 99%의 격차가 심해지고 있다. 자산소득 증가와 임금정체 현상으로 세계 1%의 부는 엄청나게 팽창했다.

2006년에 유엔대학교 세계개발경제연구소의 학자들은 금융자산과 부채뿐만 아니라 토지, 주택, 그밖에 다른 유형의 재산에 이르기까지 전 세계 가계자산을 구성하는 중요한 요소들을 모두 기록한 최초의 논문을 발간했다.

2000년도 자료에 기초를 둔 이 조사결과에 따르면, 세계 성인 인구, 즉 최소 514,512달러(약 한화 6억 원)를 소유한 사람들 중에서 상위

1% 부자가 전 세계 가계자산의 39.9%를 소유했다. 이들의 자산은 세계 하위 95% 빈자들의 자산보다 많다. 150,145달러(약 한화 1.8억 원) 이하를 소유한 하위 95%의 가난한 성인들은 모두 합쳐 세계 자산의 29.4%를 간신히 차지한다.

표7. 전 세계 억만장자 1,214명이 세계 하위 30억 명 자산의 절반을 보유하고 있다
(2010년, 단위는 조 달러)

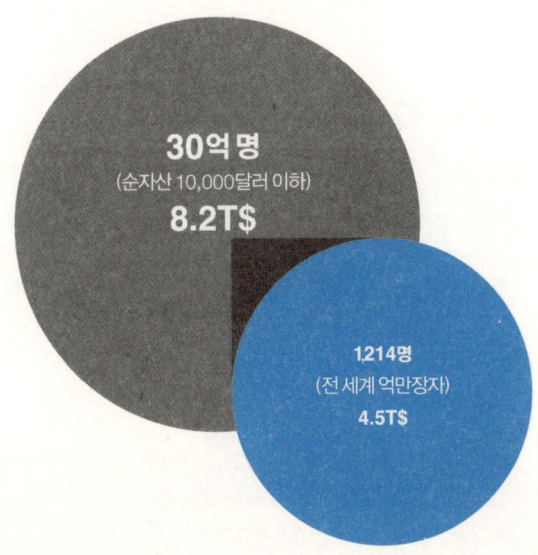

세계 자산 연구자들은 전 세계 상위 자산가들의 순자산이 2007~ 2008년 경제위기 이전의 자산 규모를 넘어섰음을 알아냈다. 전 세계의 백만장자들은 거의 1,100만 명에 육박하고 그들의 금융자산은 현재 42조 7,000억 달러에 달한다.[16]

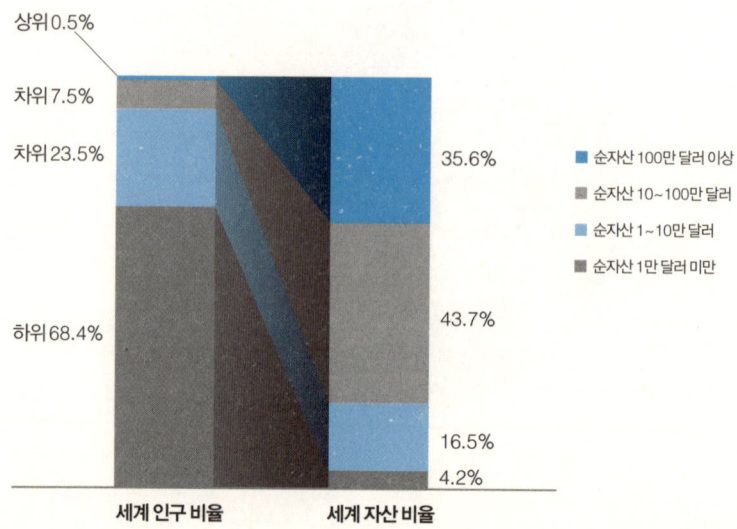

표8. 다양한 순자산 수준으로 본 성인의 세계 인구와 자산 비율(2010년)

전 세계의 울트라급 부자와 억만장자들은 세계 자산 피라미드의 최상층을 차지한다. 웰스-엑스(Wealth-X)의 순자산 조사 보고서에 따르면, 최소 3,000만 달러(약 한화 360억 원)의 순자산을 보유한 사람들은 185,795명에 달한다. 이들의 자산 총액은 25조 달러다. 이들 중 3분의 1이 북아메리카에 거주한다.[17]

전 세계에는 1,235명 이상의 억만장자들이 있고, 이들의 순자산 총액은 4조 1,800억 달러다. 이들의 총자산은 10,000달러 이하의 순자산을 보유한 전 세계 성인 30억 1천 명의 자산 절반과 맞먹는다. 세계 자산 피라미드의 최하위층은 각각 1,000달러 이하를 보유한 11억 명이 차지하고 있다. 크레딧 스위스(Credit Suisse)의 자료에 따르면, 25억 명이 저축이라고 할 만 것이 없는 '신용불량자'다.[18]

오늘날 멕시코와 인도의 슈퍼리치들은 자국의 하위 99%보다 파리와 뉴욕의 부유한 집단과 훨씬 더 많은 공통점을 지니고 있다. 상위 1%는 호화로운 호텔에 머물고 최고급 자동차를 몰며 값비싼 음식과 음료를 구입하는 세계적인 소비자들이다. 이들은 세계를 여행 다니고, 이들의 자산도 세계에 널리 퍼져 있다. 많은 사람들이 자국의 세금을 피하려고 자산을 해외 은신처로 빼돌린다.

아프리카와 아시아, 라틴아메리카 같은 남반구의 엘리트 계층들은 제1세계 선진 공업국들과 마찬가지로 스위스 은행계좌와 맨 섬(Isle of Man, 영국과 아일랜드 사이의 섬)의 셸 코퍼레이션(shell corporations, 법인 회사로 등록되어 있지만 특별한 자산도 없고 영업 활동도 하지 않는 회사), 케이맨 제도(Cayman Islands) 같은 카리브 해의 조세피난처를 이용해 재산을 은닉하고 있다.

03 1%가 게임의 규칙을 조작한다

소수의 부자와 다수의 빈자로 분열되는 국가에는 언제나 자신들의 자산을 보호하려는 부자들에게 조종당하는 정부가 들어선다. **–해롤드 래스키**
(Harold Laski, 1893~1950. 영국의 정치학자이자 문명비평가)

상위 1%는 어떻게 자신들의 힘을 사용하는가?

상위 1% 내에는 경제적 힘과 정치적 힘을 전략적으로 사용하는 사람들이 있다. 어떤 면에서는 1%도 일반 사람들과 그다지 다를 게 없다. 그러나 그 중에서 소수만이 정치에 참여하고 정책 문제에 적극적으로 관여한다. 상위 1% 중에서 몇몇은 100%를 생각하며 공평하고 지속가능한 경제를 건설하기 위해 노력한다. 물론 보다 더 많은 부와 권력을 얻으려고 정부 정책들을 자신들에게 유리하게 바꾸는 규칙 조작자들도 많다. 하지만 상위 1%의 대다수는 어떤 식으로든 아무런 개입도 하지 않은 채 자신들의 재산이 늘어나는 것을 흡족하게 지켜보기만 한다.

게임 조작자들은 자신들의 부를 영원히 누리고 확대하기 위해서라면 쓸 수 있는 모든 수단을 동원해도 된다는 가치관을 지니고 있다. 이들은 대부분 자신들이 경제 시스템을 작동시키는 엔진으로서 모든 사람들을 끌어주는 기업과 부를 창출하고 있다고 확신한다. 이와 같은 세계관은 2010년 포브스 선정 400대 부자 설문조사서의 서문에 잘 나타나 있다.

누군가 20억 달러를 보유하고 있는지 아니면 60억 달러를 소유하고 있는지 따위에 누가 관심을 가질까? 우리가 그렇다. 거대한 부를 가진 개인의 자산은 한 국가, 나아가서는 세계가 어떻게 돌아가고 있는지를 보여주는 결정적인 지표다. 이 명단에 있는 사람들은 부를 창출해 거대한 금융 추세에 동참하고, 때때로 혁신과 기업가정신의 불씨를 피워 리더십과 정책의 변화를 이끌어냈다.[1]

게임 조작자들은 개인의 천문학적인 부가 사회 전체에 이롭다고 생각한다. 이들은 정부가 물러서서 자신들의 행동에 간섭하지 않아야 한다고 생각한다. 아니면 정부가 보조금 정책과 규칙들을 자신들에게 유리한 방향으로 바꾸는 것이 훨씬 낫다고 믿는다. 이들 중 몇몇은 그것이 더 큰 선(善)을 위하는 길이라고 진심으로 믿고 있다. 그 외의 다른 사람들은 하위 99%의 생활에 별다른 관심을 갖지 않고, 자신들의 방관적인 태도 때문에 불평등한 현 체제가 영구적으로 유지된다고는 생각하지 않는다.

앞으로 자세히 설명하겠지만 불행하게도 지난 30년 동안 상위 1%에게 유리한 방향으로 규칙들이 바뀌면서 이 지구상의 경제와 생태계가 파괴되었고, 전 세계 수십 억 명의 삶이 파탄 났다. 경제적 관점과 생태적 관점에서 봤을 때 1%는 현재 전세계의 지속가능한 성장과 이익에 반하는 행동을 하고 있다.

상위 1%가 힘을 행사하는 다섯 가지 방식

게임 조작자들 가운데 영향력이 가장 큰 사람들은 조직화된 부자들이다. 이들은 정치권 기부와 자선행사 기부, 언론매체의 소유, 전문가 집단과 연구자 집단 통제 같은 광범위하고 다양한 수단들을 동원해 자신들에게 유리한 결정을 이끌어낸다. 부유한 상위 1%가 권력과 영향력을 행사하는 방법은 다섯 가지로 나눌 수 있다.

1. 정치적 영향력

정치인들은 상위 1%의 부와 영향력, 기부금 때문에 1%에게 관심을 기울인다. 그렇다고 정치인에게 기부를 하는 사람들이 모두 게임 조작자는 아니다. 하지만 상위 1% 중 정치에 활발하게 관여하는 사람들은 수백만 달러를 후보자들과 입법 안건, 정당뿐 아니라 정치활동위원회(PAC)처럼 무수히 많은 영향력 행사에 직접 투자한다.

정치학자 래리 바텔스(Larry Bartels)는 정치인들이 부유한 유권자들을 어떻게 우대하는지 조사했다.[2] 상위 1%가 직접적으로 정치에 영향력을 행사하는 방법들이 몇 가지 있다.

• 선거 기부: 다수당의 연방 관리직 후보자들에게 200달러 이상을 기부하는 가구는 소수에 불과하다. 2010년에는 상위 1%의 약 3분의 1이 200달러 이상을 기부했다. 이는 전체 선거 기부금의 약 3분의 2에 해당했다. 1% 중에서 2,400달러 이상 기부하는 기부자들은 전체 인구의 약 0.05%이다. 다시 말해 3억 1천 500만 명이 넘는 인구 중에서 146,715명뿐이다.[3] 그렇기 때문에 정치가들이 조직화된 상위 1%의

발언을 귀 기울여 듣는 것이다.

• 선출된 공무원(국회의원)들과의 개인적 친분: 대부분의 국회의원들은 상위 1% 내의 게임 조작자들과 개인적인 친분을 맺고 있다. 그들이 자신들의 선거구 바깥에 거주하는 기부자들이라도 상관하지 않는다. 이들은 자선기금 모임에 참석해 함께 식사하고 전화로 이야기를 나눈다. 조사 결과에 따르면 보통 사람보다 1%가 국회의원과 접촉할 가능성이 훨씬 높았다. 시카고 지역의 부자들을 조사한 결과에 따르면, 최소 750만 달러에 달하는 중간급의 순자산을 보유한 가구의 절반이 국회의원이나 다른 고위급 정부 관리들과 접촉한 적이 있었다.[4]

• 1%의 높은 투표율: 상위 1%가 정치적 영향력을 행사하는 방법들 가운데서 선거에 투표하는 방법이 가장 효과가 낮을 것이다. 그럼에도 상위 1%는 대부분의 선거에 참여해 투표를 한다. 2008년 선거에서 등록된 유권자의 64%가 투표를 했는데 상위 1%의 투표율은 거의 100%에 가까웠다.[5]

2. 자선 단체에 대한 영향력

상위 1%의 대다수는 더 나은 세상을 만들기 위해 자선 단체에 기부한다. 게임 조작자들은 비영리 단체에 내는 기부금을 이용해 자신들의 경제적 이득을 높인다. 예컨대 비영리 재단에 직접 투자함으로써 연구 및 정책 단체들의 자금을 통제해 자신들에게 이로운 정책들을 통과시키려는 적극적인 로비 활동을 벌인다.

부가 소수에게 집중되면서 그들의 재산 일부는 세금 회피 전략의 일환으로 자선 재단 설립에 들어간다. 부의 불평등이 가속화되기 시작했던 1980년 이후, 민간 재단의 수는 22,088개에서 3배로 불어나 2010년에는 76,000개를 넘어섰다.[6]

이러한 민간 재단은 대부분 상위 1% 가문이 통제하는데, 대체로 정치와 무관한 갖가지 문제와 관심 분야에 기부한다. 이런 재단의 가장 큰 혜택을 받는 수혜자는 대학과 병원, 종교단체이며, 기부금을 절실하게 필요로 한다. 하지만 약 3%에 달하는 기부금만이 빈곤을 완화하고 사회 문제의 근본적 원인들을 해결하는 프로젝트로 흘러 들어간다. 기부금의 대부분은 불평등한 현 체제를 강화하거나 영원히 유지하는 데

사용된다.[7]

상위 1% 내의 게임 조작자들은 자선 재단들을 이용해 자신들의 지지 세력을 확대한다. 억만장자 스티브 포브스는 2000년 대선 출마를 앞두고 자신과 자신의 정책을 홍보하기 위해 면세(tax-exempt)를 위한 연구소를 만들었다. 조지 소로스는 열린사회 재단(Open Society Fund)을 통해 수십 억 달러를 기부함으로써 세계 발전과 미국의 진보 조직들을 지원했다.

3. 언론의 영향력을 이용해 여론 조작하기

언론 매체 소유권의 집중화는 국가적 논쟁의 큰 흐름을 형성할 수 있는 중요한 문제다. 뉴스 코퍼레이션(News Corporation)과 비아콤(Viacom), 그밖에 다른 주요 언론매체 소유권과 이러한 언론매체들의 활동은 정치 기부금보다 경제구조 형성과정에 훨씬 중요한 요소가 될 것이다.

상위 1%는 언론매체를 지나치다 싶을 정도로 많이 소유하고 있으며, 홍보 및 통신 회사들을 이용해 언론에 막대한 영향력을 행사한다. 바로 이 점 때문에 불평등을 해소할 수 있는 해결책을 논의하는 국가적 논쟁이 촉발됐다. 나는 정부가 불평등을 해소하는 데 적극적으로 나서야 한다고 생각한다. 하지만 여론은 그것이 좋은 생각인지 아닌지 몰라 갈팡질팡하고 있다.

지난 몇 십 년 동안 상위 1%와 월스트리트는 각종 연구소와 언론사, 로비 단체, 공동의 문제들을 해결하려는 정부에 반대하는 비영리 시민 단체에 수십 억 달러를 투자했다. 그 때문에 인구의 3분의 2가 극단적 불평등을 걱정하고 있는데도 불구하고, 사람들은 정부의 개입으로 그 문제를 해결할 수 있을지 확신하지 못하고 있다.[8] 이와 같은 혼란을 야기하는 주된 원인은 1%가 소유한 언론이 불평등을 우려하는 시민들의 목소리를 제대로 보도하지 않기 때문이다.

4. 상위 1% 내의 다른 사람들과 조직적으로 연대하기

가장 활발하게 활동하는 규칙 조작자들은 자신들의 권력과 영향력을 강화하기 위해 그들의 모든 인맥과 관련 단체, 부자, 기업가들과의 관계를 최대한 이용한다. 예컨대 상위 1% 중에서 몇몇은 다른 상위 1% 사람들과 기부금을 합쳐서 하나의 안건을 내세운 단체 명의로 기부를 한다. 한 조사 결과에 따르면 표본으로 뽑힌 상위 1%의 21%가 효과를 높이기 위해 다른 기부자들과 선거 기부금을 합쳤다.[9] 이는 정치인들의 관심을 강력히 끌 수 있는 꼼수이다.

5. 월스트리트의 게임 조작자들과 협력하기

상위 1%의 적극적인 게임 조작자들은 보통 월스트리트와 관련된 기업들과 관계가 있다. 5장에서 다시 논의하겠지만 월스트리트는 상위 1%의 고향과 같은 기관이며, 불평등과 경제 불안정을 부추기는 모든 활동의 엔진 역할을 한다.

월스트리트의 대기업들은 부유한 개인들처럼 자유시장을 옹호하는 연구소들과 조사기관, 관련 단체뿐만 아니라, 로비스트와 홍보 회사를 두고 있는 미국상공회의소와 미국기업인원탁회의(Business Roundtable) 같은 단체에 자금을 지원한다.

이처럼 상위 1%의 소수가 다섯 가지 방식으로 영향력을 행사함으로써 새로운 차원의 불평등이 등장했다. 또한 부와 권력을 무한히 확대해가는 부자 엘리트계층의 금권주의가 생겨났다.

게임 조작자는 어떤 사람인가?

부와 권력을 영원히 간직하기 위해 자신들의 부와 권력을 이용하는 대표적인 사례는 코크(Koch) 형제다. 석유 사업을 물려받은 데이비드 코크와 찰스 코크 형제는 각각 약 250억 달러(약 한화 30조 원)의 자산을 보유하고 있다. 이들은 자신들의 이익을 높이기 위해 동원할 수 있는 모든 수단을 사용한다. 예컨대 기후변화 관련 법률을 차단하고 자신들의 세금을 줄이거나 정부 규제를 약화시킨다.

이들은 선거 기부금과 정치 기부금을 적극적으로 낼 뿐만 아니라 급진적인 자유주의 단체와 반정부 단체들의 기반 시설을 구축하는 데 투자한다. 예컨대 티파티 운동(Tea Party movement)과 미국번영재단(Americans for Prosperity), 그리고 조지 메이슨 대학의 메르카투스 센터(Mercatus Center)와 같은 기관들을 지원한다.

이들은 또한 지난 10년 동안 우익의 대의를 실현하는 데 수억 달러를 기부했고, 선거 활동에 필요한 자금을 마련하려고 몇몇 부유한 보수주의자들을 초대해 정기적으로 회합을 개최했다. 최근에는 우익 세력을 확대하고 2012년 선거에 필요한 2억 달러를 동원하는 대규모 데이터베이스 프로젝트에 자금을 지원하고 있다.[10]

이처럼 세금을 감면받기 위한 자선 기부금은 서민들의 반감을 불러일으킨다. 왜냐하면 하위 99%의 납세자들이 코크 형제와 다른 억만장자들을 대신해 간접적으로 보조금을 더 내야 하기 때문이다. 많은 노동자 계층 기부자들은 항목별 공제를 받지 못하기 때문에 세금 우대 혜택도 받지 못한다. 반면 부자들이 기부를 하는 주된 이유는 기부금 공제 때문이다. 기부금 공제를 받으면 납세 의무가 훨씬 가벼워진다. 1%가 100달러를 기부할 때마다 미국 재무부는 33달러의 세입을 빼앗기는 셈이다. 다시 말해서 99%가 그들 기부금의 3분의 1만큼 더 내야 한다.[11]

정부는 1%에 어떻게 협력하는가?

상위 1% 중 일부 규칙 조작자들이 그들의 실질적인 영향력을 발휘할 때 그 노력의 대가로 무엇을 얻을 수 있을까? 그들의 관심 정책은 무엇이며 그 안건이 얼마나 성공적으로 시행되는가? 상위 1% 내부의 규칙 조작자들이 관심 있게 지지하는 정책들은 다음과 같다.

- **자산 관련 소득세 인하**: 자산 양도 소득세는 지난 수십 년 동안 크게 감소해 1979년에 39%였던 것이 2011년에 15%가 되었다. 1%는 자산 양도 소득의 80% 이상을 얻고, 상위 0.1%는 자산 양도 소득의 절반 이상을 가져간다.[12]

- **투자자들에게 매력적인 자유무역**: 자유무역 정책과 조약은 주가를 끌어올리고, 기업들이 임금과 환경 기준, 노동자 보호에 구애받지 않는 국가간 경쟁 환경을 만들어준다. 지난 수십 년 동안 자유무역조약은 인구 대다수의 반대에도 불구하고 양당 과반수의 동의로 미국 국회를 통과했다.[13] 덕분에 상위 1%의 주주들은 커다란 혜택을 보았지만 급여 소득자 99%는 임금 인하로 인한 피해를 입었다.

- **무한 상속**: 연방상속세는 미국에서 상속 재산에 부과하는 유일한 세금이다. 상위 1%만 내게 되는 연방상속세의 철폐가 그들의 최우선 현안이다. 1%는 2010년에 상속세를 단계적으로 줄여나가기 위해 로

비를 했다. 현재 500만 달러(약 한화 60억 원) 이상의 상속자산에 부과되는 상속세가 줄어들었다.

• 환경규제 시행의 약화: 상위 1%는 환경보호에 관한 규제를 약화시키고 시행을 늦추기 위해 로비를 했다. 석유와 석탄 같은 채취 산업으로 단기간에 큰돈을 벌기 위해 기후 위기에 대한 우려를 온갖 방법을 통해 불식시켰다.

• 최고 소득세율 삭감: 상위 1%는 최고소득세율을 낮췄다. 1980년 이후 최고소득세율은 50%에서 35%로 하락했다. 앞서 언급했듯이 1950년대 이후로 상위 1%가 내는 소득세율이 차츰 감소했다.

• 은밀한 조세 피난처: 해외 조세 피난처와 비밀 관할지역이 늘어나면서 상위 1% 기업들은 소득과 자산을 숨김으로써 세금을 줄이거나 없앨 수 있다. 국회의 조세회피 자산 단속은 강력한 로비 활동으로 방해받고 있다.

• 미래 보조금: 1% 기업들은 조세 보조금을 받아 세금을 회피할 뿐만 아니라 납세자한테서 돈을 받을 수도 있다. 제너럴 일렉트릭은 2010년에만 조세 보조금으로 33억 달러를 받았다.

상위 1%는 자신들의 안건이 국회에서 은근슬쩍 통과하는 모습을 지켜보았다. 그들은 또한 자신들이 반대하는 규칙의 변화를 성공적으로 가로막았다. 99%는 1%에 비하면 그다지 운이 없었다.

04 점점 황폐해지는 99%의 삶

> 개인적인 안정과 가족의 안정을 위한다는 이유로 엄청난 부의 축적을 정당화할 수는 없다. ……지난 분석에 따르면 그와 같이 부가 축적되면 상대적으로 적은 소수에게 통제력이 집중되는 바람직하지 못한 현상이 지속된다. ……정치적 힘의 세습이 현 정부를 만들어낸 이 세대의 이상과 맞지 않듯이 경제적 힘이 세습되는 경향은 이 세대의 이상과 모순된다. **–프랭클린 루즈벨트**(Franklin Roosevelt, 1882~1945. 미국의 제32대 대통령)

미국의 하위 99%는 약 3억 1,000만 명(1억 5,000만 이상의 가구)을 말한다. 노숙자와 가난한 사람들부터 몇 백만 달러의 재산을 지닌 비교적 부유한 사람들에 이르기까지 광범위한 사람들이 하위 99%에 속한다. 하위 99% 중에서도 상위로 가면 갈수록 상위 1%에 유리한 규칙의 혜택을 많이 누리게 된다. 반면 1%에서 멀어질수록 누리게 되는 혜택은 줄어든다.

99%가 차지하는 소득비율은 1976년에 91%에서 2010년에는 79%로 하락했다.[1] 하위 90%가 차지하는 자산 비율은 1962년에 19.1%에서 2009년에 12.8%로 감소했다.[2] 1983년부터 2009년 사이

에 자산 증가분이 하위 60%에게 전혀 흘러들어가지 않았다는 것은 다시 한 번 상기할 만한 사실이다. 실제로 이들의 재산은 1983년 이래로 계속 감소했다. 한편 전체 자산 증가분의 82%는 가장 부유한 상위 5%에게 흘러들어갔다.

점점 약해지는 99% 세력

지난 30년 동안 상위 1%와 월스트리트는 조직화된 로비활동과 세력 규합을 통해 권력을 얻었다. 반면 99%와 중소 업체들은 차츰 영향력을 잃었다.

　99% 중에서 자신들의 권리를 지키기 위한 세력화는 한 세대 전보다 훨씬 약해졌다. 1955년에는 미국 노동자의 35% 이상이 노동조합에 가입했다. 노동조합들은 단체 교섭력을 통해 기업의 이익과 자산 증가분의 일부분이 보다 더 많은 사람들에게 돌아가도록 보장하는 정책들을 지원했다. 그러나 2011년에는 노조에 가입한 노동자 비율이 12% 이하로 떨어졌다.[3] 99%에 속하는 근로 소득자들의 세력과 목소리가 급격하게 약해진 것이다. 정치가들은 그들 대부분을 무시했다. 이

와 마찬가지로 대중의 시민단체와 사회운동 참여율도 하락했다. 월스트리트와 기업 홍보회사, 기업화된 언론, 선거기부금의 영향력이 커지면서 99%의 영향력은 점차 그늘에 가려 빛을 보지 못했다.[4]

99%를 위한 정책

99%를 위한 정책은 무엇인가? 여론 조사에 따르면 인구의 대부분은 보다 더 평등하고 경제적으로 안정된 사회에서 살고 싶어 한다. 사실 최근 조사에서도 미국인들은 훨씬 더 평등한 스웨덴 같은 사회에서 살고 싶어 한다고 대답했다.[5] 99%가 널리 선호하는 정책들은 아래와 같다.

• **소중한 일에 더 많은 시간 보내기**: 노동 시간이 줄어야 사랑하는 사람들과 더욱 많은 시간을 보내고 서로를 보살펴줄 수 있다. 그렇지만 사람들은 더욱 오랜 시간 동안 일하고, 직업현장에 뛰어드는 가족들도 늘어났다. 오늘날 사람들의 여가시간은 이전 세대보다 감소했다.

• **최소한의 경제적 안정**: 최소한의 사회 안전망이 있어야 일자리 혹은 배우자를 잃거나 아플 때, 나이가 들었을 때 돈 한 푼 없는 빈털터리

가 될지도 모른다는 걱정을 하지 않는다. 이와 같은 사회 안전망으로는 의료보험제도, 감당할 수 있는 수준의 주거비용과 교통비용, 노령연금(사회보장 연금), 최저임금제가 있다. 2009년에 국민의료보험제도를 통과시키려는 노력이 어느 정도 진전을 보였지만, 상위 1% 회사 중에서도 민영의료보험으로 엄청난 수익을 올리는 보험회사들이 실질적인 개혁을 가로막았다.

- **교육 기회의 평등**: 영유아 보육과 교육은 물론 우수한 초·중등 교육, 저가 혹은 무상 대학 교육에 이르기까지 건실한 교육 기관을 확보하고, 동등한 교육 기회를 보장해야 한다. 오늘날 많은 학생들이 학자금 대출로 인해 엄청난 빚을 떠안고 대학을 졸업한다.

- **아동 우선 정책**: 실질적인 의료보험제도와 우수한 육아제도, 건강한 음식, 질 높은 교육 기회를 아동에게 먼저 제공하는 정책이 필요하다. 하지만 실제로는 전보다 더 많은 아이들이 가난에 시달리고 있으며, 정부는 헤드스타트(Head Start, 영유아에게 어릴 때부터 양질의 교육 기회를 제공해 빈곤의 악순환을 퇴치하자는 목적으로 1965년에 설립된 저소득층 지원 프로그램. 대상은 저소득층 가정의 5세 미만 아동)와 그밖에 다른 아동과 가족 지

원 프로그램들의 예산을 삭감하고 있다.

• 실직자 지원: 심각한 경기 침체로 인해 실업률이 9%를 넘어섰다. 정부는 실직자를 도와줘야 하는 의무가 있다. 그렇지만 현실은 고용을 증진시킬 수 있는 주된 정책들이 차단됐고, 국회는 장기 실업자들에게 지급하는 실업 수당을 확대하지 못할 뻔했다.

• 빈곤 완화: 빈곤경계선 아래에 사는 인구를 줄여야 한다. 하지만 지난 10년 사이에 빈곤율은 급격히 상승했고, 아동 빈곤율 역시 통계를 측정하기 시작했던 1962년 이후 최고치에 도달했다.

99%에게 중요한 안건을 통과시키려는 정치적 지원이 없는 것은 아니다. 하지만 3장에서 소개했던 상위 1%의 안건에 비하면 99%의 안건은 턱없이 느리게 처리된다.

99%의 안건은 1%의 안건에 밀려 주목받지 못하고, 상위 1%에게 압도적으로 유리한 정책 프로그램을 지지하는 정치가들이 증가하고 있다. 이들은 1%에게 감세 혜택을 주는 것 같은 정책들이 경제에 이롭다거나, 일자리를 창출한다는 주장을 늘어놓는다. 또한 큰 정부를 지

향하면 재정적으로 감당할 수 없다고 주장하며, 99%에게 실질적 도움이 되는 정책 변화를 가로막는다. 결과적으로 불평등이 심해지고 경제의 건전성과 모두를 위한 복지가 약화된다.

99% 내부의 차이와 다양성

99% 대 1% 구조문제는 인종의 다양성, 빈곤과 궁핍의 경험 차이, 기회의 불균형과 같은 99% 내의 실질적인 격차를 반영하고 있지 않아 반대 주장의 근거로 작용하고 있다.

두 채의 집을 소유하고 퇴직 연금을 받는 상위 1~5%의 사람과 저축을 하지 못한 채 열악한 의료보험을 가지고 있고 범죄가 들끓는 지역에 사는 하위 20%의 사람은 그 격차가 엄청나다. 집과 저축이 있고 고등교육을 받으며 휴가와 여가를 즐길 수 있으면 수명이 늘어나고 스트레스가 줄며 훨씬 더 행복하다.[6]

상위 30%의 사람은 미국의 4가구 중 한 가구 꼴로 순자산이 아예 없거나 마이너스인 사람과 완전히 다른 삶을 산다. 또한 순자산이 12,000달러 이하인 37% 가구의 사람과도 다른 삶이다.[7] 이들은 경제

위기나 불황의 충격을 흡수하는 완충장치를 갖고 있지 않다.

99% 내에서도 인종간 부의 불평등이 심각하다. 2009년 백인 가구의 평균 순자산은 113,149달러로 아프리카계 미국인 가구의 평균 순자산(5,677달러)보다는 20배, 라틴 아메리카계 가구의 평균 순자산(6,235달러)보다 18배나 많았다. 2007년과 2010년 사이에(서브프라임 모기지 위기 전후) 유색 인종 가구는 수조 달러에 달하는 주택 순자산가치를 잃으면서 부의 격차가 급격하게 커졌다.[8]

표9. 2008년 경기 침체 이후 심화된 인종간 부의 불평등

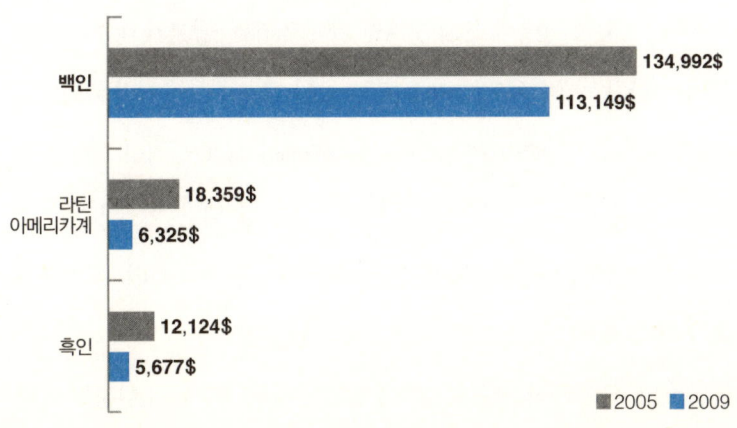

주택 가치가 폭락하기 전, 2005년에는 백인 가구의 순자산이 아프리카계 미국인 가구의 평균 순자산보다는 11배, 라틴 아메리카계 가구의 순자산보다는 7배 많았다. 주택 가치가 폭락하면서 모든 사람들이 피해를 봤지만 피해 정도는 똑같지 않았다. 2005~2009년 사이에 백인은 평균 순자산이 16% 하락해 엄청난 타격을 입었다. 이에 비해 유색인종은 완전히 무너져 내렸다. 라틴 아메리카계 가구의 재산의 66%, 흑인 가구 재산의 53%가 날아갔다.

이와 같은 불평등이 발생하는 원인은 하나뿐이다. 주택담보 대출과 고용, 창업지원 자금 문제에 있어서 대대로 유색 인종을 차별했기 때문이다. 이 같은 장벽 때문에 수백만 가구가 재산 증식의 대열에 끼지 못했다. 한편 2차 세계대전 이후 몇 년 동안 백인들은 아이라 카츠넬슨(Ira Katznelson)이 '백인 우대 조치(white affirmative action)'라고 칭했던 혜택을 누렸다. 다시 말해 주택소유 비율과 저축률, 백인 가구의 대학 졸업률을 높여주는 인종 차별을 통해 백인들은 재산 증식의 혜택을 누렸다.[9]

99%에 대해 이야기한다고 해서 미국의 계층적 차이와 인종적 차이

를 무시하는 것은 아니다. 인간의 삶은 건강과 교육, 삶의 질에 따라 수십 가지 방식으로 계층화될 수 있다. 이와 같은 계층 차이는 경제적으로 양극화된 사회에서 훨씬 더 큰 힘과 의미를 지닌다.

중산층의 위험한 착각

99% 내에도 다양성이 존재하지만 99% 대 1% 구조는 변화하는 경제와 힘의 구조를 들여다볼 수 있는 유용한 프레임이다. 99% 내에 존재하는 현격한 차이를 주목하다가 이 집단의 공통점을 제대로 파악하지 못하는 우를 범해서는 안 된다. 경제는 대체로 가장 부유한 1%에게 이로운 방향으로 움직이고 있다.

99%를 다수의 하위 집단으로 나누기보다는 몇 가지 중요한 공통분모를 지니고 있다고 보는 것이 정치적으로 중요하다. 역사적으로 99%가 분열되어 서로 정책 싸움을 벌이는 바람에 불평등 해소가 더뎠다. 예컨대 노동 빈곤층과 노동자 계급은 최저빈곤층(하위 20%)의 처지에 분노했다. 반면 중산층(소득과 자산 수준이 상위 30~70%에 속하는 사람들)은 상위 1% 부자와 자신들을 동일시하고, 자신들의 이익이 노동자 계

급과는 완전히 다르다고 생각했다. 이것이 바로 중산층이 상위 1%를 위한 감세 정책을 지지하는 이유 가운데 하나다. 그들 스스로가 언젠가는 혜택을 볼 수 있다고 믿는 것이다.

2006년에 8조 달러의 주택 자산이 증발하면서 시작된 경제 위기는 99%에 속하는 거의 모든 사람들이 각각 다름에도 불구하고 파괴적인 경제 정책에 얼마나 큰 피해를 입었는지를 보여주는 확실한 사례다.

지금 이 순간 99% 대 1% 구조와 '99% 운동'은 슈퍼리치 계층과 불평등 생산기계인 월스트리트에서 비롯된 불평등의 실질적 원동력을 파악하는 데 도움이 되기에 중요하다. 사람들은 상위 1%가 자신들의 재산과 특권을 지키고 확대하기 위해 어떻게 자신들의 부와 권력을 사용했는지 주목해야 한다.

99%가 자신들을 이익집단이자 정치세력이라고 생각한다면 경제와 사회의 미래에 커다란 영향을 미칠 수 있다. 99%가 하나로 뭉치고 상위 1% 내의 협력자들을 만든다면, 탐욕스러운 1%가 아니라 모두에게 이로운 방향으로 경제 규칙들을 바꿔나갈 수 있다.

05 불평등 생산기계 : 월스트리트

> 금융 시스템의 우선순위가 공동체의 부를 구축하기 위해 실질적인 투자를 지원하는 일에서 가치창출에 대한 부담 없이 월스트리트의 부를 늘리는 금융 게임을 지원하는 것으로 전환됐다. −**데이비드 코튼**(David Korten, 1937~ . 하버드 대학 경제학 교수)

상위 1%에 대해 이야기할 때는 백만장자들과 하위 99% 중 특권계층의 사람들을 떠올리기 쉽다. 특히 수천 명의 사람들이 '나는 99%다'라는 웹사이트에 올리는 글과 사진들을 보면 더더욱 그러하다.

하지만 앞서 언급했듯 부의 심각한 불평등은 상위 1%가 미국의 다국적 대기업의 고위 경영진 및 세계의 나머지 기업의 경영진들과 어떻게 협력하느냐로 설명할 수 있다. 실제로 다국적 대기업의 많은 경영진들은 규칙을 조작하는 1% 약탈자에 속한다. 이와 같은 상위 1% 기업은 전 세계 민간 자산의 막대한 비중을 차지하고 있으며, 주식을 통해 그 자산을 주주들에게 넘겨준다. 그 주주들 중 대부분은 상위 1% 개인에 속한다.

상위 1% 개인들과 마찬가지로 1% 기업들도 다양하다. 과도한 영향력을 행사하는 다국적 기업으로 미국 상공회의소와 미국 기업인원탁회의 같은 로비 단체를 적극적으로 후원해주는 300여 개 기업이 있다.

사람 없이는 기업도 존재하지 않는다. 기업은 인간이 만드는 것이다. 기업은 결정을 내리지도 규칙을 바꾸기 위해 로비를 하지도 않는다. 기업을 운영하는 CEO들과 고위 경영자 같은 사람들이 결정을 내리고 로비를 통해 수익을 창출한다.

CEO들과 상위 1% 기업이 1%에게 유리한 규칙 변화를 옹호하는 조직의 중심이자 불평등 기계인 월스트리트를 차지하고 있다. 상위 1% 기업 경영자들도 1% 개인들과 마찬가지로 경제 규칙과 사회의 문화를 바꾸는 여러 수단을 지니고 있다. 다만 상위 1%의 개인들이 훨씬 강력한 수단을 휘두른다는 것이 다를 뿐이다. 이들은 로비스트 집단과 합세하여 선거 기부금, 강력한 언론사와 광고회사 같은 수단들을 사용한다.

'월스트리트'라는 단어는 경제의 금융자본 부문을 묘사함과 동시에 1% 기업들, 다시 말해 몇몇 국가들보다 큰 수천 개의 기업들을 상징한다. 월스트리트를 중심으로 활동하는 금융회사들과 은행들은 눈이 휘둥그레질 정도의 엄청난 부와 영향력을 휘두른다. 골드만삭스(Goldman Sachs)와 모건 스탠리(Morgan Stanley), JP모건 체이스(JP Morgan Chase), 웰스 파고(Wells Fargo), 뱅크오브아메리카(Bank of America), 시티그룹(Citigroup), 바클레이스(Barclays), 도이치 뱅크(Deutsche Bank), 크레딧 스위스(Credit Suisse), UBS가 그러한 회사들이다.

MIT 슬론 경영대학교(Sloan School of Management)의 기업학과 교수 사이먼 존슨(Simon Johnson)은 2010년도 4/4분기 통계수치를 들어 미

1. 뱅크오브아메리카	2.264조 달러
2. JP모건 체이스	2.246조 달러
3. 시티그룹	1.957조 달러
4. 웰스 파고	1.260조 달러
5. 골드만삭스그룹	9,370억 달러
6. 모건 스탠리	8,310억 달러

표10. 대마불사(大馬不死) - 거대한 기업은 절대로 무너지지 않는다? 미국의 6대 은행지주회사들은 미국 국내총생산의 63%가 넘는 자산을 보유하고 있다(2011년 9월 30일 기준)

국의 6대 은행지주회사들이 '현재 미국 국내총생산(GDP)의 63%가 넘는 자산을 보유하고 있다'고 강조했다. "은행지주회사들의 자산은 경제 위기 이전(2006년)에 GDP의 55% 정도였고, 1995년에는 GDP의 17%에 불과했다."[1]

월스트리트의 금융회사들은 막대한 재력을 행사할 뿐만 아니라 금융 부문에서 벌어들인 엄청난 자금과 수익으로 선거 기부금을 내고 로비를 하며 자신들의 이익을 높여주는 조사기관 및 옹호단체를 지원해 막강한 정치력을 발휘한다. 금융과 보험, 부동산 부문은 선거를 후원하는 최대 기부기관이며, 선출된 국회의원 한 명 당 여러 명의 로비스트를 붙이기 위해 로비스트 수천 명을 고용한다.[2]

월스트리트와 월스트리트 내의 금융 부문은 전 세계 자산과 이익을 어느 때보다 많이 차지하면서 규칙을 마음대로 조작해 천문학적인 수익을 올린다. 지난 30년 동안 극단적인 불평등이 심화되면서, 월스트리트의 금융회사들은 폭발적으로 성장했다. 2007년에는 전체 기업의 수익 가운데 약 40%가 금융 부문에서 나왔는데, 이는 1960년대의 20%에서 2배 이상 상승한 것이었다. 2008년 경제 위기 이후에는 전체

기업 중 금융 산업이 거둔 수익 비율이 약 30%까지 하락했다.[3]

상위 1%가 얻은 전체 소득의 상당 부분은 금융 부문의 급성장과 관련되어 있다. 금융 부문은 소득 사다리의 최고층에 위치한 주요 고용주이다. 경제정책연구소(EPI)는 이렇게 발표했다. "금융 부문의 급여와 수익이 전체 국민소득에서 차지하는 비율이 1973년과 2007년 사이에 두 배로 증가하여 7%에 달했다. 2010년에는 금융 부문에서 5,470억 달러를 추가했지만 실제 상품과 서비스의 실물 경제에 가치를 더했다는 증거는 거의 없었다."[4]

1% 기업 내에는 너무 크고 강력한 기업들이 몇몇 있다. 소수의 세계적 기업들은 국가 전체의 국내총생산을 넘어서는 연간 수익을 올리기도 한다. 수익으로 따져봤을 때 제너럴 일렉트릭은 뉴질랜드보다 크고, 세계에서 52번째로 큰 나라가 된다. 엑슨모빌(Exxon Mobil)은 태국보다 크다. 월마트는 노르웨이보다 크며 25번째로 큰 나라가 된다.[5]

1% 기업이 통과시키려는 정책은 부유한 상위 1% 개인들의 정책과 유사하다. 예컨대 기업 규제 폐지, 환경법 완화, 조세특례법과 세법상 빠져나갈 구멍, 노동자 의료 및 안전규제 완화, 공공위생과 식품안전 감

독 확대의 차단이 있다.

    상위 1% 대기업들은 미국 국회를 손아귀에 넣어 미국의 민주주의 시스템을 효과적으로 장악했다. 게다가 대법원의 시민연합(Citizens United) 판결로 기업 자금과 권력은 날로 불어났다.(190쪽 참고)

표11. 몇몇 기업은 국가의 국내총생산을 초과하는 수익을 올린다

엄청난 연봉을 받는 CEO

1% 기업을 지휘하고 불평등 생산기계 월스트리트를 감독하는 이들은 세계적인 대기업 수천 개의 CEO들이다. 이 엘리트 집단에는 주주들뿐만 아니라 심지어는 회사 이사회에 거의 아무런 책임도 지지 않는 몇백 명의 'CEO 황제들'이 있다.[6] 이들은 종종 회사가 수익을 내든 못 내든, 혹은 바람직한 장기적 결단을 내리든 그러지 못하든 상관없이 엄청난 보수를 받는다. 2010년에 S&P 500의 CEO 평균 임금은 1,080만 달러(약 한화 130억 원)로 2009년보다 27% 상승했다. CEO 임금 대 미국 노동자의 평균 임금 비율은 1980년의 42 대 1에서 325 대 1로 격차가 벌어졌다.[7]

CEO 임금의 근본적인 문제는 인센티브 시스템이다. 현재의 보수 지급 방식은 건전하고 항구적이며 건실한 기업들을 키워주는 장기 전략보다는 즉각적으로 수입을 가져다주는 단기적 전망과 결정을 하도록 부추긴다. 토론토 경영대학교 학장 로저 마틴(Roger Martin)은 CEO들의 시스템 조작을 부추기는 현재 미국의 '수익 최대화' 보상 시스템을 비난했다. 이러한 구조에서 '소비자들은 착취당하고 고용인들은 쓰고

버려지는 톱니가 되며' 주주들의 주가는 결국 하락한다.[8]

예를 들어 사악한 인센티브가 있는데, 그것은 기업의 힘과 영향력으로 규제 환경을 자신들에게 이롭게 바꾸는 데 쓰인다. 2010년에는 최고 보수를 받는 CEO 100명 중 25명이 회사의 연방 법인세보다 많은 보수를 받았다. 이들 기업 중 20개 회사의 경우에는 법인세 지출보다 입법 정치인들에게 로비하는 비용이 더 많았고, 18개 기업은 국세청(IRS)에 내는 세금보다 많은 기부금을 선거 후보자들에게 기부했다.[9]

또 다른 잘못된 인센티브는 기업들이 간부들에게 과도한 보수를 지급해서 세금을 줄이는 것이다. CEO 임금이 높아질수록 기업은 세금공제를 훨씬 더 많이 받을 수 있다. 임금이 사업비용으로 인정되기 때문이다.

최고의 규칙 조작자들을 몇몇 소개하자면 아래와 같다.

• 인터내셔널 페이퍼 컴퍼니(International Paper Company)의 CEO 존 파라치(John Paraci)는 2010년에 1,230만 달러(약 한화 140억 원)의 보수를 챙겨 넣었다. 파라치가 운영하는 회사는 오래된 목재 펄프의 부산

물이며 바이오 연료(biofuel)로 분류되는 '흑액(black liquor : 아황산 펄프, 크래프트 펄프, 소다 펄프 등을 제조할 때 원목재를 증해하는 과정에서 생성되는 흑갈색의 폐액)'을 정부 보조금과 세금 환급 대상으로 만들려고 국회 로비 활동을 펼쳤다.[10] 덕분에 이 회사의 세금이 2009년에는 3억 7,900만 달러까지, 2010년에는 4,000만 달러까지 줄어들었다. 이는 이 회사의 전 세계 총수익에서 거의 9%를 차지한다.[11]

• 제너럴 일렉트릭(GE)의 CEO 제프리 이멜트(Jeffrey Immelt)는 2010년에 1,520만 달러(약 한화 170억 원)를 받았다. GE는 2010년에 33억 달러의 조세보조금과 세금환급금을 받아 세금 회피 부문에서 '금메달'을 획득했다. 〈뉴욕타임스〉가 세금을 낮추는 GE의 놀라운 성공에 대해 폭로한 사실에 따르면, GE는 '적극적인 감세 로비 활동과 수익을 해외로 빼돌리는 혁신적인 회계를 뒤섞은 공격적인 전략'을 취했다.[12]

이처럼 단기적으로 '돈 갖고 튀기' 사례 수백 건과 그와 같은 행동을 부추기는 CEO 보상 시스템은 2008년 경제 위기라는 불구덩이에 기름을 부었다.

상위 1% 기업과 확연히 다른 99% 기업

하위 99% 사업체는 완전히 다른 기업이다. 그 대부분이 국내 회사들과 지역에 기반을 둔 소규모 사업체들이다. 이들의 경영진과 고용인들은 투자자들에게 돌아가는 금융수익을 최대화하는 문제에 신경 쓰기보다는 공동체에 책임지는 사람들이다.

물론 하위 99% 사업체에도 직원들을 착취하고 단기적 이득만 보고 결정을 내리는 무책임한 로우로드(low-road, 비숙련 저임금 노동 시장을 이용해 저부가가치의 제품을 저가로 승부하는 전략) 사업체들이 있다. 하지만 몇 년 동안 살아남는 사업체들을 보면, 직원들을 줄여야 하는 경비로 보는 것이 아니라 소중한 자산으로 생각한다. 외주용역으로 노동비용을 삭감하기보다는 직원들의 살림살이에 신경을 쓴다.

하위 99% 사업체들은 다국적 기업들이 사용하는 세금 회피 수단이 없기에 자기 몫의 세금을 고스란히 납부해야 한다. 또한 그들은 지역 상공회의소와 소규모 사업 네트워크를 구성한다. 500명 이하의 직원을 거느린 소규모 사업체는 현재 최악의 경제 상황에서도 일자리를 창출해내는 '뜨거운 엔진'이다. 특히 민간 부문 일자리의 60% 이상을 창출한다. 노동연구청(Bureau of Labor Studies)은 이렇게 발표했다. "500명 이하의 직원을 거느린 소규모 회사들이 1993년부터 2008년 사이에 생겨난 순 신규 일자리의 64%를 창출했다." 이러한 일자리의 3분의 2 이상이 사업 확장으로 창출되었고, 나머지 순 신규 일자리는 창업에서 폐업을 빼고 남은 것이다.[13]

조사 결과에 따르면 신생 벤처 기업은 고용을 크게 진작시켜 경제를 호전시킨다. 설립된 지 5년이 안 된 회사들이 순 일자리의 상당수를 창출하는 원천이다. 창업 회사들이 없었다면 1980년대 이후 전체 일자리 통계 변화는 계속 부정적인 곡선을 그렸을지도 모른다.[14] 2008년부터 2009년까지 경기 침체가 지속되었을 때는 5명 이하의 직원을 거느린 사업체들만이 일자리를 증가시켰다.[15]

작은 회사들은 지역공동체에서 활동하기 때문에 장기적인 공동 번영에 중점을 두는 경향이 있다. 또한 직원과 공급자, 소비자가 의지할 수 있는 교육과 기반 시설의 공적 투자를 옹호할 가능성이 높다. 뿐만 아니라 국가 환경 지킴이로서의 역할을 진지하게 받아들인다.[16]

또한 소규모 사업체들은 경쟁적인 환경에서 활동하고 있음을 확실하게 인식하고 있다. 그들은 분명 초대형 글로벌 기업들과 경쟁해서는 이길 수 없다는 사실을 잘 안다. 그렇기 때문에 작은 규모로 성공할 수 있는 틈새시장을 공략한다. 이와 같은 전략으로 소규모 기업들은 경제 시스템의 발전소일 뿐만 아니라 경제를 보다 더 인간적이고 지속 가능한 미래로 이끌어가는 잠재적 모델을 제시한다.

견실한 기업 VS 약탈적 기업

게임을 조작하는 상위 1% 기업의 비즈니스 모델은 99% 기업의 비즈니스 모델과 완전히 다르다. 99% 기업체들이야말로 짐 콜린스(Jim Collins)가 신중하게 결정하고 모든 이해 관계자들을 존중함으로써 장기적 성장과 수익을 추구하는 회사들을 가리켜 명명한 '견실한(built to last) 기업'에 훨씬 더 가깝다.

1% 기업 가운데서 위험할 정도로 많은 업체들이 그와 다른 비즈니

스 모델을 추구한다. 이런 기업들은 '약탈적(built to loot) 기업'이다. 단기적인 수익 창출에 주력하고 자신들이 지불해야 할 비용을 떼어내 사회와 지방, 환경, 혹은 노동자에게 떠넘긴다.

경쟁적인 세계 기업 활동 영역에 존재하는 단기적 성과에 대한 인센티브가 그와 같은 성향을 부추긴다. 이러한 기업들은 책임을 회피하기 위해서 자사의 세계적 지위와 자회사들을 이용한다. 또한 기업과 공동체를 경쟁시켜 책임에 대한 기준을 낮춘다.

약탈적 기업이 불평등을 악화시키는 일곱 가지 방법

• **직원을 쓰고 버리는 소모품으로 취급한다**: 약탈적 기업들은 노동자를 자산이 아니라 변동비용으로 여긴다. 그래서 안정적이고 혜택이 많은 직책을 없애 노동 비용을 줄이고, 컨설턴트와 비정규·파트타임 노동자, 해외 외주 업체를 이용한다.

• **세계 무역 규칙을 마음대로 주무른다**: 약탈적 기업들은 중소 업체보다 세계적인 기업들에게 특혜를 주면서 노동자의 권리를 희생시켜 기업의 이권만 높이는 무역 규칙을 보장받기 위해 로비한다.

• 보조금을 지원받기 위해 로비를 한다: 보조금과 선별적 감세를 받으려고 국회에 로비를 한다. 그 결과 금융 서비스 부문은 2008년과 2010년 사이에 총 연방 조세보조금의 16.8%를 받았다. 웰스 파고 은행은 3년 동안 180억 달러의 감세 혜택을 받아 280개 미국 기업 목록에서 최상위를 차지했다.

• 규제를 완화해 사업 활동을 자사에게 유리하게 만든다: 가능한 모든 영역에서 환경 기준과 노동 규칙, 지역사회 통보 의무 법률, 또는 그 밖에 다른 형태의 정보공개 규칙의 완화를 촉구하면서 기준을 낮춘다.

• 언론을 소유해 담론을 통제한다: 미디어 소유권이 1% 기업에 집중되면서 공개적 담론이 제한되고 경시된다. 1983년에는 약 50개 미디어 재벌들이 국가 전체 방송 미디어(신문, 잡지, 라디오, 음악, 출판, 영화 포함)의 절반 이상을 통제했다. 그러나 오늘날에는 6개의 다국적 미디어 재벌그룹이 미국 대중매체 환경을 장악하고 있다.

• 세계 투자 규칙을 왜곡한다: 세계 투자 계약은 상위 1% 기업에 이롭고 보다 더 많은 자본이 비생산적인 금융투자 부문으로 흘러들어 가도록 부추긴다. 다국적 기업들은 자금을 해외로 빼돌려 감시를 피하고

책임을 회피할 수 있다.

• **세금을 회피하고 청구서를 남에게 떠넘긴다**: 자신이 누리는 공공서비스와 시장 환경 비용을 다른 사람들에게 떠넘긴다.(다음 내용 참고)

조세회피 기업들이 착한 기업들을 잠식한다

조세정의를 위한 시민단체(Citizens for Tax Justice)의 2011년 조사에 따르면, 수익성 높은 미국 기업들 중 280개가 지난 3년 동안 자사 수익의 절반에 과세된 세금을 회피했다. 이들 중 30개 기업은 세전 총수익이 1,600억 달러에 달하면서도 2008년과 2010년 사이에 세금을 내지 않았을 뿐만 아니라 상당액의 보조금을 받았다. 또한 78개 기업은 2008년부터 2010년까지 적어도 일 년간 연방 법인소득세를 납부하지 않았다.

2008년부터 2010년 사이에 280개 기업 전체의 평균 실효세율은 18.5%로 세법상 법인소득세율 35%보다 훨씬 낮았다. 조세정의를 위한 시민단체의 이사이자 조사 보고서의 작성자인 로버트 맥킨타이어(Robert McIntyre)는 이렇게 말했다. "이들 280개 기업들은 총 2,230억 달러에 가까운 조세보조금을 받았다. 이로 인해 노인의료보험 제도를 보호하고 일자리를 창출하며 국가 적자를 줄이는 데 사용할 수 있는 돈을 잃어버렸다."[17]

이와 같은 조세 불평등 때문에 상위 1% 기업과 99% 소규모 사업체들은 근본적으로 불공정한 경제 환경에서 경쟁해야 한다. 예컨대 아마존닷컴(Amazon.com)은 2008년과 2010년 사이에 발생한 18억 달러의 수익에 대해 연방 법인세율 7.9%를 납부했다. 뿐만 아니라 지역 경쟁자들이 소비자들에게 징수해오던 주 판매세와 지역 판매세 상당액을 회피했다. 아마존닷컴이 엄청난 세금 우대를 받는 바람에 지역의 작은 서점들과 중소 소매업체들은 폐업의 수순을 밟아야 했다.

상위 1% 기업들 사이에서도 불공평한 경쟁이 일어난다. 페덱스(FedEx)는 2008년부터 2010년 사이에 1%도 안 되는 세율을 납부했다. 반면 페덱스의 경쟁사이며 노조가입 기업인 UPS는 24.1%를 납부했다.

---

06 | 불평등은 우리의 무엇을 파괴하는가?

현실은 우리 사회가 양극화되고 우리 사회의 동맥이 굳어져가고 있음을 보여준다. 부자들의 호화로운 생활과 가난한 사람들의 궁핍한 생활은 마치 중세 시대처럼 부와 기회의 계층별 차이가 존재함을 보여준다. 뿐만 아니라 모두에게 삶과 자유, 행복을 누릴 기회가 있다는 사람들의 기대를 무참하게 뭉개버린다. ―윌 휴튼(Will Hutton, 1951~ . 경제학자, 컬럼니스트)

불평등이 이 세상을 파괴하고 있다. 단지 가난뿐만이 아니라 99%와 1% 사이에 점점 벌어지는 격차, 즉 불평등의 심화도 지구상에 살고 있는 수십 억 명의 삶을 파괴한다. 어떻게 이런 일들이 가능한 것일까?

죽음의 소용돌이 : 불평등

수십 개 분야의 조사에 따르면 부와 권력의 극심한 불평등은 민주주의 체제와 국민의 신뢰를 좀먹는다. 게다가 시민 공동체와 사회 연대가 와해되고, 그 다음에는 구성원들의 건강상태가 악화된다.

불평등은 계층간 이동성을 약화시키고 경제 안정과 성장에 막심한 해를 끼친다. '죽음의 불평등 소용돌이'이라는 개념이 극단적으로 들릴지도 모르지만 불평등이 점차 역동적으로 악화되는 측면을 잘 설명한 표현이다. 이러한 불평등은 1929년의 대공황과 2008년 경기 침체를 초래한 주된 요소였다. 불평등에 반대하는 이유는 다음과 같다.

불평등은 민주주의와 시민의 삶을 파괴한다

불평등은 우리의 시민권(civil rights)을 빼앗고 우리가 투표함에 넣는 투표용지의 힘과 광장에서 외치는 우리의 목소리를 약화시킨다. 상위 1%의 엄청난 달러가 99%의 투표용지를 밀어내고 정치 화폐가 되면서 1%가 승리한다. 항상 그렇지는 않지만, 99%보다는 1%의 안건이 통과되는 경우가 많다.

개혁의 노력에도 불구하고 1%의 돈이 현재 선거의 재정 시스템을 장악하고 있다. 정치가들은 미국 상원 선거에 출마하거나 상원의원으로 선출된 후 재임에 나서려면 모금 기간 동안 하루에 약 15,000달러의 선거 기부금을 모금해야 한다. 그러자면 한 접시 당 1,000달러짜리

기부금 모금 만찬을 열고 상위 1% 사람들의 관심사와 정책에 귀를 기울이며 1% 사람들을 회유하는 데 많은 시간을 투자해야 한다. 결국 코스트코(Costco) 같은 대형 할인매장이나 크래커 배럴(Cracker Barrel) 같은 동네 유명 레스토랑처럼 일반 시민들이 많이 다니는 곳 앞에서 악수할 시간은 줄어든다. 사람들은 누구나 자신을 둘러싼 사람들에게 반응하기 마련이며 정치가들도 다를 바가 없다.

선거는 매우 중요한 행사다. 정치가들은 선거일 투표에 신경을 쓰고 표를 얻으려고 선거운동을 하며 자신의 지지자들을 투표소에 보낸다. 하지만 미국 상원의원 후보들은 일 년 중 그밖에 다른 날에는 항상 자금 문제에 신경을 써야 한다는 사실을 잘 알고 있다.

1% 기업은 연방 및 주 정책에 관한 로비 활동을 장악하고 있다. 지난 30년 동안 공식 로비스트가 폭발적으로 증가했다. 1970년에는 국회의원 535명에게 등록된 로비스트가 1인당 5명이었다. 오늘날에는 의원 한 명당 22명의 로비스트가 딸려 있다.[1]

그렇다면 99%를 위해 로비하는 사람은 누구인가? 퍼블릭 시티즌(Public Citizen)과 아동보호기금(Children's Defense Fund) 같은 특이한 시민 단체들이 있다. 이들은 일어서서 팔을 흔들며 구호를 외치며 이렇게 말한다. "이봐, 99%는 어떡하고?" 이들 단체들은 심각한 자금과 인력 부족에 시달리고, 조직화된 1%에게 짓눌려 기를 펴지 못한다.

불평등 때문에 사람들의 건강상태가 나빠진다

'불평등이 사람들의 건강상태를 악화시킨다.' 불평등과 사람들의 건강 상태는 어떤 인과관계에 놓여 있는 것일까? 현재 늘어나고 있는 공공 의료 조사 단체는 불평등 때문에 사람들의 건강상태가 나빠진다는 결론을 내렸다.

상위 1%와 99% 사이의 불평등이 점점 커질수록 사람들의 건강 상태가 나빠진다. 불평등한 공동체에서는 심장병과 천식, 정신병, 암, 그 밖에 다른 질병의 발병률이 높다. 물론 절대적 빈곤도 모든 종류의 나쁜 건강 상태를 초래한다. 하지만 조사 결과에 따르면, 사람들은 소득이 높고 불평등이 심각한 공동체보다 소득이 낮더라도 훨씬 평등한 공동체에서 건강하게 잘 산다.

소득이 낮더라도 불평등이 심하지 않은 지역의 사람들은 건강 상태가 훨씬 좋다. 유아 사망률이 낮고 수명이 훨씬 길며 모든 종류의 질병 발병률이 낮다. 반면 평균 이상의 소득 수준에 빈부의 불평등이 훨씬 큰 지역은 그 반대다. 그런 지역은 건강하게 살기 좋은 곳이 아니다.[2]

왜 그럴까? 영국의 건강복지 전문가 리처드 윌킨슨(Richard Wilkinson)의 말을 빌리면, 불평등 정도가 낮은 공동체는 '사회적 단결'이 훨씬 잘 되고, 거리낌 없는 개인 이기주의에 대한 문화적 제약이 훨씬 많으며, 서로를 돕고 돌보는 조직망이 효과적으로 짜여 있다. '개인주의와 자유 시장의 가치는 사회도덕의 제약을 받는다.' 윌킨스는 이렇게 적었다. 사회적 자본이 많을수록 '전체 사회와 경제가 기름을 바른 듯 원활하게 돌아간다. 반사회적 공격성의 징후도 훨씬 적고 훨씬 더 서로를 배려하는 사회가 될 수 있다.'[3]

불평등이 공동체의 분열을 초래한다

부의 극심한 불평등은 사회분열과 불신을 초래해 공동체를 분열시키고, 결과적으로는 사회 단결과 연대가 깨진다. 오늘날 1%와 99%는 단순하게 정반대 편에 사는 것이 아니라 평행 우주에 살고 있다.

한 조사 결과에 따르면 거주지에 따라 계층별 양극화와 인종별 양극화가 심해지고 있다. 미국 인구통계청(U.S. Census) 자료에 기초한 2011년 보고서에는 이렇게 적혀 있다. '지난 40년 동안 전체 소득 불평등이 심화되면서 저소득 가구와 고소득 가구가 서로 가까이 살지 않을 가능성이 점점 높아졌다. 저소득 가구와 고소득 가구가 이웃이 되는 경우는 점점 귀해지는 반면 부자 동네와 가난한 동네는 점점 많아진다.'[4] 이처럼 서로 간의 거리가 멀어지면서 사람들은 모두 같은 배에 탔다고 생각하기가 점점 어려워진다.

불평등이 극심해지면서 물질적 벽이 등장했다. 전 세계의 많은 지역에서 상위 1% 구성원들은 출입통제 공동체에 거주하며 안전 시스템을 설치하고 경비원을 배치해둔다. 미국에서 900만 명 이상의 가구가 닫힌 공동체의 벽 뒤에 살고 있다. 이는 멕시코와 브라질 같은 양극화된 사회의 통계수치와 비슷하다. 미국 남부 지역에 새로 들어서는 주택의 3분의 1이 닫힌 공동체에 속한다.[5]

1%와 99%의 관계는 공포와 거리감, 오해, 불신, 계층과 인종 간 적대심으로 물들어 있다. 결국에는 배려심이 줄어들고 개인주의 행동이

크게 증가한다. 남을 배려하는 방식 가운데 하나는 모두에게 이로운 의료 기반시설과 건강 예방에 대한 공적 투자를 지원하는 것이다. 사회 불평등이 심해지면서 그와 같은 투자에 대한 지원도 감소한다.

연대란 사람들이 서로를 책임지고 이웃을 돌보는 것이다. 하지만 연대가 형성되려면 우선 사람들이 서로를 알아야 하고, 계층과 문화, 인종 간의 차이를 초월하는 기관들이 있어야 한다. 불평등이 극심한 공동체에는 그와 같은 기관들이 없고 연대가 약하다.

불평등이 사회 계층 이동성과 평등한 기회를 해친다

불평등이 동등한 기회 제공과 사회 이동성이라는 소중한 가치를 약화시킨다. 세대간 계층 이동성은 부모의 지위와 비교해서 소득 사다리를 올라가거나 내려갈 가능성을 말한다. 동적인 사회에서는 가족의 경제 상태가 개인의 경제 상태를 결정짓거나 제한하지 않는다.

오랜 세월 동안 경제학자들은 미국의 불평등이란 사회 이동성을 갖춘 역동적인 경제구조를 얻기 위해 치러야 할 대가라고 주장했다.[6] 계층 구조가 경직되고 이동성이 부족한 캐나다나 북유럽 경제처럼 되고 싶지 않았다고 경제학자들은 주장할지도 모른다.

하지만 이러한 관점에도 불구하고 그들이 착각하는 게 있다. 캐나다와 북유럽 국가들은 사회 안전망과 누진세 정책을 갖추어 현재 미국 사회보다 훨씬 더 동적인 사회로 자리 잡았다. OECD 산업국가들을 조사한 결과에 따르면 캐나다와 호주, 북유럽 국가들(덴마크, 노르웨이, 스웨덴, 핀란드)은 이동성이 가장 높은 나라로 분류된다. 사회 이동성은 과세를 통해 소득과 부를 재분배하는 정책과 긴밀한 관계를 맺고 있다. 미국은 현재 소득 면에서 봤을 때 산업 국가들 중에서 이동성이 가장 낮은 국가에 속한다.[7]

불평등이 공공 서비스를 붕괴시킨다

대중의 공공복지와 공동체 기관이 존재하느냐에 따라서 99%의 삶이 달라진다. 마이크로소프트 창립자의 아버지 빌 게이츠 시니어(Bill Gates Sr.)는 이렇게 말했다.

미국 중산층에게 기회의 사다리는 공공기관이 운영하면서 이용하기 쉬운 공공 교육기관과 도서관, 주립공원, 시립 수영장에 좌우된다. 미국의 가난한 사람들에게 기회의 사다리는 저렴한 의료보험, 질 좋은 대중교통, 육아 보조 혜택을 이용할 수 있느냐에 달려 있다.[8]

역사적으로 불평등의 깊이가 깊어질수록 공공복지에 대한 투자가 감소한다.[9] 교육과 저렴한 주택 공급, 공공의료보험, 그밖에 공평한 경쟁의 장을 떠받치는 다른 기둥들에 대한 지원이 줄어든다. 이에 반해서 상대적으로 평등했던 시대인 1964년에는 빈곤에 대한 관심이 훨씬 높았다. 실제로 불평등으로 인한 손실을 줄이기 위해 빈곤과의 전쟁을 선포하기도 했다.

오늘날에는 상위 1%가 99% 공동체와 단절되면서 자신들에게 필요한 서비스를 고급화하면서 민영화(privatization)한다. 이로써 두 가지 바람직하지 못한 결과가 생긴다.

첫째, 1%는 공공복지 서비스에 의존하지 않기 때문에 공공복지 비용을 내지 않으려 한다. 주로 감세 정책을 추진하고 공공복지에 소극적인 정부를 선호한다. 그래야 민영화된 서비스에 더욱 많은 돈을 쓸 수 있기 때문이다.

둘째, 부유한 사람들이 공공 서비스의 품질을 유지하더라도 그들이 거기에서 개인적인 이득을 보지 못한다면, 99%의 삶의 질은 점차 악화될 것이다. 앞서 살펴봤듯이 상위 1%는 엄청난 영향력을 지니고 있다. 1%의 구성원들은 자신들의 의견을 들어주는 고위 관리들을 확보하고 있으며, 기부금을 자신들 마음대로 주무르고, 미디어 소유권을 장악하고 있으며, 때때로 '사회적 자본(social capital)'이라고 하는 인적 네트워크를 지니고 있다. 민주주의 사회에서 선한 정부와 강력한 공공 기관이 들어서려면 시민 모두의 참여가 필요하다. 하지만 최대의 정치력과 인맥, 역량을 지닌 사람들에게 이득이 돌아가지 않으면 투자 감소의 악순환이 시작된다.

부자들이나 권력자들이 지역에서 공공 서비스의 혜택을 보지 못하고, 그들의 세금이 빠져나가면 공공 서비스가 악화되기 시작할 때, 투자 감소의 악순환이 시작된다. 예를 들어 어떤 사람이 개인 클럽에 다니거나 개인 해변 별장에서 여름을 보내기 때문에 동네의 공공 수영장을 이용하지 않는다면 공공 수영장을 청결하게 관리를 잘해서 여름 내

내 개장하고 자격을 갖춘 구조요원들을 공공 수영장에 배치하는 데 힘써야 할 아무런 이유가 없다. 즉 공공 서비스의 질이 악화되고 권력 있는 사람들이 더 이상 공공 서비스를 이용하지 않을 때 정치적 지원과 자원이 감소하고, 결과적으로는 투자가 훨씬 감소하게 된다.

공립 교육 부문에서는 그와 같은 투자 감소가 더욱 두드러진다. 상위 1%와 심지어는 상위 30% 가구가 공립 교육에 참여하지 않아 몇몇 지역에서는 투자 감소가 심각한 수준에 이르게 된다. 이렇게 투자가 감소하면 예산 감축의 악순환이 시작되고 투자 자원들이 빠져나가며 교육의 공적 지원이 감소한다.

특히 공공 서비스와 공동체 서비스를 이용하지 않는 것이 합리적일 때 공공투자 감소의 악순환이 가속화된다. 위험에 빠져 출구로 나가야 할 때 나갈 수 있는 사람들은 먼저 나간다. 공공영역에서 사람들이 거의 다 빠져나갈 때까지 99%에 속하는 가구들은 민영화된 서비스를 이용하기 위해 보다 더 열심히 일해야 한다.

버스를 타고 직장에 갈 수 없으면 차를 산다. 지역 공립학교에 아이들을 믿고 맡길 수 없다면 사립학교에 등록하기 위해 애쓴다. 공공 수영장의 구조요원들을 믿을 수 없다면 개인클럽 수영장을 이용한다. 경찰에게 동네 보안을 믿고 맡길 수 없다면 사립 보안 서비스를 이용하거나 부자들의 거주 지역으로 이사 간다. 이렇게 공공부문 투자 감소의 악순환이 지속되고 민영화된 서비스의 비용이 상승한다. 한편 가난한 학교와 동네에 남은 사람들은 서비스 부족에 시달린다.

불평등이 경제 성장을 가로 막는다

역사상 상위 1%의 부의 크기가 가장 큰 몫을 차지했던 때가 언제였는지 기억나는가? 1929년 대공황이 일어나기 바로 전날이었다. 경제 역사학자들은 그것이 우연이 아니었다고 주장한다. 불평등이 깊어질수록 경제 불안이 발생한다.

여기서 추론할 수 있는 당연한 결론은 공동 번영의 시대에는 경제가 훨씬 더 안정적으로 성장한다는 것이다. 2차 세계대전 이후 1947년부터 1977년까지의 시기는 고성장과 평등이 공존한 사례로 자주 인용된다.

물론 이와 같이 단순히 비교하여 비판하는 것은 위험할 수 있다. 단순하게 사과와 오렌지를 비교하거나 자전거와 덤프트럭을 비교할 수 없기 때문이다. 세계 경제에 미치는 미국의 막강한 지배적인 역할에 비추어봤을 때, 2차 세계대전 이후는 전례 없는 최강대국으로서의 시기였다. 보다 더 평등한 사회는 대부분의 경제 관련 지수에서 높은 점수를 얻는다. 불평등과 경제 성장 사이의 관계를 분석한 국제 비교 자료가 이런 추론을 뒷받침해준다.

1960년대에 브루킹스 연구소(Brookings Institution)의 아서 오쿤(Arthur Okun) 같은 경제학자들은 성장과 평등 사이에 교환법칙이 성립한다는 일반적인 통념을 지지했었다. 다시 말해서 평등을 증폭시키는 정책들은 경제 성장을 늦추고, 공격적으로 성장 지향적인 정책들은 불평등을 악화시킨다고 가정했다. 하지만 요즘 이러한 생각들은 근본적으로 달라졌다.

국제통화기금(IMF)과 전미경제연구소(National Bureau of Economic Research)의 조사에 따르면 평등한 사회일수록 성장률이 높고, 경제발전이 더욱 오랫동안 지속되며, 경기 침체에서 훨씬 빨리 회복된다. IMF의 경제학자 조너선 오스트리(Jonathan Ostry)는 미국의 소득 불평등 추세로 보아 향후의 경제발전 기간이 소득 격차가 커지기 전이었던 1960년대 경제발전 기간의 3분의 1밖에 되지 않을 것이라고 말한다. 평등 정도가 낮은 사회일수록 금융 위기와 정치 불안에 휩싸일 가능성이 높다는 것이다. [10]

변덕스러운 시장에서는 투자자들이 두려움에 사로잡힌다. 상위 1%에 속하는 투자자들도 마찬가지다. 이들은 금융시장에서 내부자들이 유리하게 되고 정치인들과 연관되어 있음을 알아차리면 즉시 자금을 다른 곳으로 옮긴다. "한 세대의 투자자들을 잃게 될 겁니다. 그러다보면 25년 동안 약세 시장이 계속되죠. 사람들이 경제정의가 없다고 생각하기 시작하면 투자시장은 위험해집니다." [11] 투자자의 성향을 조사해온 베리 리솔츠(Barry Ritholtz)가 말했다.

많은 경제학자들은 1929년 대공황이 일어나기 전과 2008년 경제 위기의 유사점을 지적한다. IMF의 전직 수석 경제학자 라구람 라잔(Raghuram Rajan)은 두 차례의 경제 위기가 모두 극심한 불평등 시대에 뒤이어 닥쳤다고 주장한다. 라잔은 자신의 저서 《폴트라인Fault Lines》에서 두 번 모두 경제 위기 이전 10년 동안 상위 1% 부자들의 소득 증가분이 국가소득의 엄청난 비율을 차지했고, 미국인 대다수의 임금은 동결되었다고 지적했다. 한편 정부 정책과 민간기업의 활동은 빈민층과 중산층의 신용 거래와 대출을 부추겼다. 그 두 시기에는 가계 대출이 거의 두 배로 증가했다. [12]

불평등이 2008년 경제위기에 한 몫을 담당한 것은 아닐까? 이 중요한 문제 제기는 다음 장에서 더 자세하게 분석해보겠다.

07 경기 침체를 바라보는 새로운 렌즈

> 소수의 소비에 의존하는 경제는 크게 부흥했다가 크게 몰락하기 쉽다. 부자들은 저축이 불어날 때 돈을 물 쓰듯 쓰고 투기를 한다. 하지만 자신들의 자산 가치가 흔들리면 지출을 삼간다. 그 바람에 시장이 크게 흔들릴 수밖에 없다. 많이 듣던 이야기 같지 않은가? 상위 소득자들이 총소득에서 차지하는 비율은 1928년과 2007년에 최고치에 올랐다. 이 두 해는 극심한 경기 침체가 일어나기 직전이었다. ―로버트 라이시(Robert Reich, 1946~ . 경제학자, 정치평론가)

2008년 경기 침체의 원인이 무엇인지에 대한 가설은 숱하게 존재한다. 그와 같은 가설들은 대형 은행과 금융회사들, 규제를 받지 않는 '그림자' 금융 부문, 비도덕적인 서브프라임 모기지 '강요자'들과 같은 나쁜 요인들을 중점적으로 다루고 있다.[1]

하지만 여기서 빠진 요인이 있다. 그것은 과도한 소득과 부의 불평등이 어떻게 경기 침체를 초래했는지를 보여주는 렌즈로, 실질 임금 증가보다 대출에 의지하는 99%의 소비와 상위 1%의 무모한 금융 투기다.

첫 번째 요인: 실질 임금 증가가 아니라 대출에 의지한 소비

하위 80% 가구의 실질 임금은 1970년대 후반 이후 비교적 정체된 상태를 유지했다. 사람들은 노동 시간을 늘리고 쉬워진 대출을 이용해 더욱 많은 돈을 빌리며 더 많은 가족 구성원들이 직업 현장에 나가면서 임금 정체를 이겨냈다. 이 과정에서 많은 노동자 가구들은 일하고 소비하며 돈을 빌리는 반복적인 순환에 사로잡혀 엄청난 스트레스를 받는다. 하지만 많은 사람들이 중산층의 생활수준에 올라서거나 그

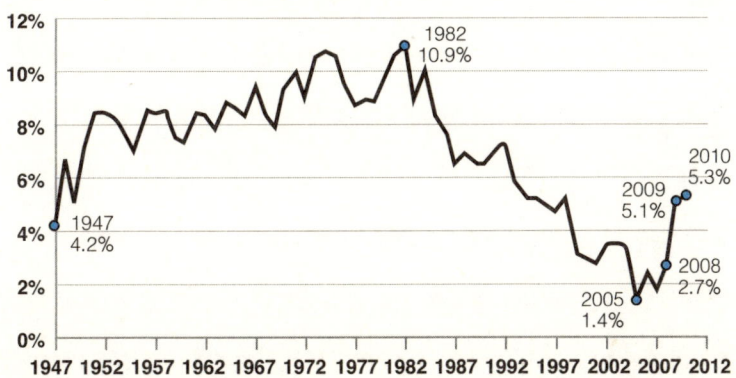

표12. 2008년 이전에 개인 저축률은 급격하게 하락했다가 그 직후에 약간 반등했다(경제분석청Bureau of Economic Analysis 자료 참고)

수준을 유지하려면 별다른 방법이 없다.

대부분의 가구는 저축을 할 수 없었다. 1980년에는 저축률, 즉 지출하고 나서 저축한 소득의 비율이 11%였다. 그러나 2007년에는 미국의 저축률이 2% 이하로 하락했다. 사람들이 소비하는 것보다 약간 더 많은 돈을 번다는 뜻이었다.

그렇게 보이지 않았다고? 실제로는 약 5만 달러의 평균 소득을 올리는 많은 미국인들이 조금 분에 넘치는 생활을 하고 있었다. 그렇다보니 쇼핑몰 주차장과 패밀리 레스토랑 애플비(Applebee)는 사람들로 꽉꽉 들어찼다. 떠오르는 중산층은 새 차를 장만했고, 십대들은 스마트폰을 샀으며, 가족들 모두가 값비싼 휴가를 떠났다. 불행하게도 이와 같은 소비 열풍은 임금 상승에 따른 것이 아니었다. 어떤 경우에는 한 집안에서 두세 명의 소득을 합쳐서 지출을 늘린 것이다. 하지만 대부분은 대출을 더 많이 받아 지출을 늘렸다. 신용카드 대출과 주택담보 대출을 포함한 소비자 부채는 2008년까지 10년 동안 급상승했다. 특히 신용카드 관련 대출이 폭발적으로 증가했는데, 이는 금융권의 공격적인 '대출 밀어붙이기' 전략 때문이기도 했다. 2006년에는 신용카드 가

입권유서 60억 장이 발송되었다.[2] 주택 대출은 대부분 신규주택을 담보로 한 것이 아니라 2차 대출저당이었다. 손쉬운 대출은 마약과 같아서 조금씩 그 양을 늘렸고, 수백만의 사람들이 분에 넘치는 생활을 할 수 있었다.

거액의 대출이 사회적으로 허용되는 문화가 생겨나면서 소비자 대출이 폭발적으로 증가했다. 저렴한 대출을 홍보하고 주택담보 대출을 새로운 일상이라고 떠들어대는 대출 강요자들(대출전문회사의 보이스피싱 내지 영업전화 등)도 소비자 대출 증가에 한 몫을 했다.

과도한 노동과 부채는 실질 임금이 하락하고 정체되는 현실을 잠시나마 잊게 해주었다. 자신과 이웃들이 여전히 고급 평면 텔레비전을 사고 카리브 해로 휴가를 떠날 수 있다면 가계 재정이 긴축되었다고 느끼기 힘들다. 하지만 그와 같은 지출 추세는 근본적으로 불안이 내포되어 있다. 그러한 지표들 이면에는 신용카드와 주택융자 거품이 점점 부풀어 오르고 있었다. 영화 〈죠스〉에서 아무것도 모른 채 수영하는 사람에게 상어가 수면 위로 슬그머니 지느러미를 흔들며 다가갈 때 흘러나오는 음악이 생각나지 않는가?

경제 전체가 흥겨운 콧노래를 부르고 있었지만 건전한 임금 상승과 공동 번영에 기반을 둔 것은 아니었다. 2000년부터 2008년까지 지속된 경기 호황의 원동력이었던 소비는 실질 임금 상승이 아니라 가계 부채에 의존한 것이었다.

그렇기 때문에 2008년에 잘 달리던 경제가 멈춰서고 손쉬운 대출이 중단되었을 때 소비 엔진도 멈춰버렸다. 수백만 명이 일자리나 상당액의 가계소득을 잃었다. 게다가 부족한 소득과 과도한 소비의 격차를 완화해주던 생명줄과 같은 대출도 불가능해졌다. 부채의 힘으로 치솟았던 소비자 수요가 사라지자 경제 전체는 급격히 얼어붙었다.

임금과 소득의 극심한 불평등이 소비자 구매력의 상실을 초래했다. 건실한 임금 상승을 토대로 소비가 이루어졌다면 이처럼 불안정한 상황이 펼쳐지지 않았을 것이다.

두 번째 요인: 상위 1%의 무모한 금융 투기

부채 기반의 소비는 가장 바람직하지 않은 요인이었다. 하지만 불평등이 경제 몰락에 기여한 또 다른 방식이 있었다. 경제 피라미드의 상단을 차지한 상위 1%의 사람들이 위험한 도박에 뛰어든 것이다. 불행하게도 그들의 도박은 손실을 막을 수 있는 카지노에서 벌어진 것이 아니라 국가경제의 핵심부에서 벌어졌다.

2007년에 부유한 1%는 미국 총 민간 자산의 36.5%, 전체 금융자산의 42.4% 이상을 소유했다. 약 20조 달러에 달하는 이들 자산의 일부는 토지와 주택, 예술품, 보석, 개인전용기, 그밖에 다른 개인 부동산이었다. 하지만 이들 자산의 상당 부분은 주식과 채권, 세계적 기업들의 소유 지분이었다.

99%는 돈을 투자할 때 은행을 이용하고 채권과 뮤추얼 펀드에 투자한다. 하지만 1%의 사람들은 거의 모두가 투자 전문가들을 고용해 투자 자산 운용에 관한 조언을 받는다. 여러분이 2억 달러의 자산을 보유한 1%의 구성원이고 내가 여러분의 신뢰할 만한 투자 고문이라면 어떨까?

지금이 2000년에서 2007년 사이의 어느 해라고 하자. 나는 극심한 시장 침체에 대비한 보루로 여러분 자산의 일부를 안정적으로 투자하는 것이 전형적인 자산 배분 전략이라고 설명할 것이다. 예컨대 은행과 신용조합의 보험예금과 주 정부 혹은 연방 정부의 채권에 투자하라고 충고할 것이다. 그래야 어려운 시기에도 부를 유지할 수 있기 때문이다. 여기서 문제는 그와 같은 투자의 수익률이 상대적으로 낮다는 점이다. 실제로 2005년에는 수익률이 2~3%에 불과했다. 지켜보기 따분해서 지루할 정도였다.

2억 달러의 또 다른 일부는 장기성장주, 즉 오랫동안 살아남은 기업들에게 투자하라고 제안한다. 예컨대 포드(Ford)와 제너럴 모터스(General Motors), 제너럴 일렉트릭 같은 '블루칩'이나 안정적으로 보이는 기업들이 있다. 하지만 이와 같은 투자를 해도 앞의 경우와 동일한 문제가 발생한다. 5~6% 정도로 수익률이 그다지 높지 않아 역시 지켜보기 따분하다는 것이다.

자금의 또 다른 일부는 위험률과 수익률이 높으면서도 상장되지 않은 소자본과 대자본 신흥 기업들을 섞어놓은 다양한 투자 상품에 투자한다. 이와 같은 투자는 훨씬 흥미진진하고 수익률이 7~10%까지 높아질 가능성이 있다.

여기서 잠시 멈추고 심호흡을 하시라. 다음에 무슨 일이 일어날지

궁금해 심장이 좀 더 빨리 뛰기 시작할 것이다. 여기까지 슈퍼리치들이 몇 십 년 동안 취했던 투자전략을 복습했다. 다시 말해서 위험과 수익의 균형을 잘 맞추어 다양하게 접근한 투자전략이다. 투자자의 연령과 특수한 여건 및 상황에 맞추어 최적화해야겠지만 효과가 검증된 투자전략이다.

그런데 여기에 수익률이 굉장히 높은 새로운 종류의 투자가 있다. 이것이 바로 사람들이 투자 고문을 찾아온 이유다. 이 새로운 투자는 복잡하지만 수익률이 10~15%에 달한다. 5년 연속 수익률이 20%에 달했던 펀드들도 있다.

하지만 그 정도 수익을 거두려면 위험성이 높은 투기적 투자를 해야 한다. 예를 들어 헤지펀드와 파생상품, 신용부도 스와프(credit default swap)처럼 월스트리트의 젊고 영리한 인재들이 창조한 혁신적인 금융상품들이다. 이러한 투자방식은 기업들이 실제 물건들을 만들거나 사람들이 이용하는 서비스를 제공하는 '실물 경제'에 투자하는 것이 아니다. 그것은 자금과 시장의 이동에 베팅을 하는 방식이다. 여기서 문제는 어느 정도 위험을 감수할 수 있느냐다.

2억 달러(한화 약 2,400억 원)를 갖고 있다면 어떨까? 가진 것이 2,000만 달러(한화 약 240억 원)뿐이라 하더라도 아주 근사한 삶을 누릴 수 있다. 물질적인 욕구를 모두 충족시키고 살면서 일어날 수 있는 대부분의 문제들에 대처할 수 있다. 진정한 사랑이나 영생은 살 수 없겠지만 훨씬 더 오래 살 수 있을 것이다. 아파서 치료를 받아야 할 때마다 세계 최고 병원 메이요 클리닉(Mayo Clinic)에 갈 수 있고, 이 지구상에서 누릴 수 있는 모든 사치를 만끽할 수 있다. 여기에 2,000만 달러가 더 있으면 그와 같은 생활을 자손들에게 물려줄 수 있다.

그러므로 2억 달러가 있다면 4,000만 달러를 따로 떼어놓고 남은 1억 6,000만 달러로 도박을 즐길 수 있다. 이와 같은 도박성 투자의 상태를 기록하며 돈이 불어나는 것을 지켜본다면 즐겁지 않겠는가? 이런 돈은 대부분 종이나 스크린에 보이는 숫자들에 불과하다. 그러므로 8,000만 달러 정도를 새로운 금융상품에 투자할 수 있다.

이와 같은 이야기가 1998년과 2007년 사이에 전 세계 1%의 사무실에서 오갔다면 어떨까? 실제로 엄청난 자산이 투기 시장으로 흘러들어갔다.

상위 1%의 투기 자금은 수조 달러의 국부펀드(soverign wealth fund)와 합쳐진다. 국부펀드란 중동 석유 수익과 중국 수출에서 거둬들인 것으로서 중앙 정부가 보유하고 있는 엄청난 자산을 말한다. 여기에다 은행과 AIG 같은 보험회사, 제너럴 일렉트릭 같은 세계 1% 기업이 축적한 현금을 더해보자. 그렇게 해서 총 수조 달러에 달하는 자산은 수익률이 높지 않은 실물 경제의 지루한 투자 대상이 아니라 카지노와 같은 투기성 경제로 흘러들어간다.

월스트리트는 점점 더 위험성 높은 거래를 취급해 그와 같은 투기를 부추긴다. 월스트리트가 선호하는 것 중 하나는 서브프라임 모기지라고 알려진 고수익 주택 대출 상품이었다. 모건스탠리와 씨티그룹, 뱅크오브아메리카(BOA)는 대출상품들을 한데 묶는 사람들과 대출기관들을 불러 모아 이렇게 선언했다. "이와 같은 고수익 고위험 거래들을 더 많이 가져오세요!" 이렇게 수조 달러가 그림자 금융부문으로 흘러들어갔고, 이와 같은 거래들은 실물경제의 근본원칙에서 점점 더 멀어졌다.

2007년, 주택 시장뿐만 아니라 경제의 다른 영역에서도 투기 거품이 크게 부풀어 올랐다. 상품 선물이 증가하면서 식료품 가격이 오르고 전 세계에서 식량 폭동이 일어났다.[3] 원유 선물 투자로 원유 가격이 상승해 2008년 여름에 1갤런 당 원유 가격이 4달러를 넘어섰다. 2008년 미국인들은 2007년보다 수천 억 달러 이상을 원유 구매에 지출했다.[4] 녹색 경제로 전환하는 데 투자할 수 있는 자금이 석유 산업으로 흘러들어간 꼴이었다. 덕분에 석유 산업은 전례를 찾아볼 수 없이 높은 수익을 올렸다. 2008년에는 엑슨모빌이 452억 달러의 수익을 올려 기록을 세웠다.

그러나…… 째깍, 째깍, 째깍, 3, 2, 1! 꽈광!

부의 극심한 불평등, 다시 말해 임금 정체와 투기가 경제를 무릎 꿇렸다. 더 나쁜 소식은 불평등이 사라지지 않았다는 것이다. 상위 1%가 투기를 할 수 있을 정도로 지나치게 많은 돈을 갖고 있는 한, 그들은 투기적 성격의 투자를 계속 할 것이다.

그것은 카지노의 게임이 아니라 불행하게도 아주 값비싼 대가를 치러야 하는 현실 속의 게임이다. 그 대가를 치르느라 인생이 망가지는 사람들은 1%뿐만 아니다. 결국 우리 모두의 삶이 파괴된다.

08 잠자는 거인이여, 일어나라!

머지않아 가치의 진정한 혁신이 일어나 과거와 현재 정책들 가운데 많은 것들의 정의와 공평성에 의문이 제기될 것이다. ……머지않아 빈곤과 부의 극명한 대조를 불편한 시선으로 바라볼 것이다. —마틴 루터 킹 주니어
(Martin Luther King Jr., 1929~1968)

탐욕과 약탈, 심화되는 불평등을 멈출 수 있는 방법은 없다고 한다. 그러나 이제 우리는 그런 세상이 존재해서는 안 된다는 사실을 잘 알게 되었다. 잠자는 거인이 드디어 깨어나야 할 때이다.

세계의 상위 1%는 2008년 경제위기에서 이미 회복되었다. 이들은 건재한 자산을 가지고 다시 투기성 도박판에 뛰어들고 있다. 그러나 나머지 99%의 사람들은 심각한 실업 문제와 불안한 고용 상태, 감소한 자산, 불안정 때문에 비틀거리고 있다.[1]

시위자들의 새로운 물결

2012년 1월, 〈타임〉지는 시위자들을 올해의 인물로 선정했다. 요즘 우리 주변에는 사회 운동이 일어날 조짐들이 보이고, 새로운 경제를 향

해 나아가는 길을 제시하고 있다. 99%는 자신들의 꿈이 산산조각나자 조직을 결성했다. 이제 거리에는 '월스트리트는 구제받고 우리는 집을 잃었다'는 구호와 간판이 가득하다. 엄청나게 많은 미국인들이 '우리는 99%다'라는 표어에 공감한다.

미국뿐만 아니라 전 세계적으로 99% 운동이 일어났다. 가장 눈에 띄는 운동은 2011년 가을에 일어난 월스트리트 점령 시위였다. 하지만 그밖에도 많은 시위들이 일어나 사람들의 각성에 기여했다. 2008년 경기 침체 이후, 거대한 불만의 물결이 세계를 덮쳤다.

- 아랍의 봄: 튀니지에서 이집트, 시리아, 파키스탄에 이르기까지 중동 전역에서 부와 권력의 불평등과 독재에 반발하는 사회 운동이 일어났다. 인터넷과 소셜 네트워크로 연결된 젊은이들이 주도하는 이와 같은 운동들은 세계적으로 연결되어 서로를 자극하고 격려한다.

- 법인세 회피에 대항하는 세계적인 운동: 2010년 후반, 세금을 회피하고 국고를 약탈하는 기업들에 대항하는 세계적인 운동이 일어났다. 2010년 가을에는 영국의 운동가들이 법인세 회피자들의 영업소

안에서 직접행동 시위를 조직했다. 2011년 2월에는 40개 도시에서 창의적 행동을 펼치는 US 언컷(Uncut)이 조직되었다. 2011년 4월 15일, 세금의 날에는 뱅크오브아메리카와 버라이즌(Verizon, 통신사), 애플, 페덱스(Federal Express) 같은 세금 회피 기업들의 각 지역 영업장에서 200회가 넘는 시위가 일어났다.[2]

- **위스콘신에서 99%가 조직을 결성하다**: 2011년 2월에 새로 선출된 위스콘신 주지사 스캇 워커(Scott Walker)는 단체교섭권을 폐지하는 법안을 제안하며 노동자의 권리와 노동조합을 공격하기 시작했다. 이에 노동자들과 학생들이 각성하여 일어났고, 스캇 워커의 계획에 대항하는 광범위한 99% 연합이 나타났다. 이에 자극을 받아 오하이오와 다른 주에서도 1%를 배려하는 주지사와 지역 정치인들이 밀어붙이는 위선적인 긴축정책과 예산감축, 반노동자 정책에 대항하는 시위들이 일어났다.

- **티파티(Tea Party)에 대한 불만**: 경기 침체 이후 정부 축소에 중점을 두는 공화당을 지지하는 티파티 운동이 일어났다. 티파티는 미국의 보수적 성향을 지닌 유권자 단체로 기성 정치권이 아닌 일반 시민

의 주도로 확산되고 있으며, 1773년 미국 독립전쟁 당시 영국에 대한 조세저항운동의 시발점이었던 보스턴 티파티에서 유래한 명칭이다. 티(TEA)는 '세금은 이미 충분히 냈다(Taxed Enough Already)'는 의미의 약어로, 이 모임은 전형적인 보수 이념을 표방하며 작은 정부를 지향한다. 세금을 늘려 큰 정부를 지향하는 오바마 행정부의 국정운영에 반대하며 2010년 미국 중간선거에서 당선된 공화당 하원의원의 3분의 1인 초선의원 80여 명 중 절반 이상이 티파티 소속이다. 티파티 조직들은 1%의 후원을 받아 조직화했다. 그러나 국민 대다수인 99%는 월스트리트와 기업의 극단적 행태에 분노했다. 론 폴(Ron Paul)과 같은 99% 운동의 지도자들은 99%를 희생시켜 1%를 우대하는 연방준비은행의 역할에 반발하고 있다.

• 또 다른 98%: 2010년 4월, 또 다른 98%가 적극적 소셜 미디어 운동가 조직으로 등장했다. 페이스북에서 14만 명 이상의 친구를 확보한 이 집단은 월스트리트 점령 시위가 일어나기 일 년 반 전부터 '우리는 98%다'를 부르짖었다.

• 1%에게 굴복한 오바마에 쏟아지는 대중의 항의: 2010년 11월, 오

바마 대통령은 부시 정권의 1% 감세 정책을 없애겠다고 공약해놓고는 공화당 지도자들과 그 정책을 연장하는 거래를 체결했다. 하위 99%와 1% 조력자들은 엄청난 배신감에 사로잡혔다. 2010년 12월 10일, 상원의원 버니 샌더스(Bernie Sanders)는 상원의회에서 극단적 불평등의 위험성에 대해 8시간 37분 동안 연설을 했다. 그의 연설이 길어지자 의석에 있던 의원들은 하나둘 자리를 뜨기 시작했고 연설이 끝났을 때는 그의 보좌관과 입법서기, 보안요원과 방청객들만 남아 있었다. 그는 '1%에 대한 감세 연장 방안은 최선의 선택이 아니며, 8시간 넘은 연설은 의사진행방해(필리버스터)가 아니라 더 나은 대안을 찾자는 것'이라고 말했다. 이 일을 계기로 국민들은 대통령이 불평등 문제를 주도적으로 해결해나갈 때가지 기다릴 수 없음을 깨달았다. 결국 세상이 변하기 위해서는 99%가 스스로 변화를 촉구해야 했다.

• **세계적인 반긴축 운동:** 지금 사람들은 스페인부터 이스라엘, 인도에 이르기까지 세계 전역에서 99%에게 불리한 긴축정책과 1%를 우대하는 세금 및 무역 정책에 반대해 거리로 나오고 있다. 이들은 실직 문제와 저렴한 주거 문제, 공공 서비스와 예산 감축 문제를 해결하기 위

해 상위 1%에게 장악당한 정치 시스템에 대하여 항의하고 있다.[3]

• 아메리칸 드림 운동: 수백 개 단체와 수백 만 명이 중산층의 몰락에 우려를 표명하며 하나로 뭉쳤다. 아메리칸 드림 운동은 꿈을 다시 세우고 1%를 우대한 긴축정책에 대항할 힘을 구축하는 것이다.[4]

• 월스트리트 점령 시위와 계좌 옮기기 운동: 몇몇 연합들이 뭉쳐서 주택 압류를 중단하고 공동체의 요구에 보다 더 민감하게 응하라고 월스트리트 은행들에게 촉구했다. 또한 계좌 옮기기 운동이 일어나 65만 명이 경제를 파탄 내는 월스트리트 은행의 계좌를 해지했다. 이들의 수십 억 달러는 지역의 신용거래 수요를 충족시키는 역할을 맡은 지역 공동체 은행과 신용금융조합으로 흘러들어갔다.[5]

• 간호사들이 '미국을 치유하고 월스트리트에 과세하려고' 조직을 결성했다: 전국 간호사 연합(National Nurses United)은 월스트리트의 탐욕과 과도한 행태에 곪고 있는 '미국을 치유하는' 처방약으로 금융투기세를 부과하자는 운동을 주도했다. 수십 만 명의 간호사들이 월스트리트와 국회에서 시가행진을 벌였다. 이들은 나라 곳곳의 점거 시위 현장에 간호소를 설치했다.[6]

• '예수라면 무엇을 삭감하겠는가?': 모든 종파와 정파의 종교 지도자들이 연방정부의 예산 감축에 맞서서 가난한 사람들을 돕는 공공 프로그램에 '보호의 원(Circle of Protection)'을 그려놓으라고 오바마 행정부와 국회를 압박했다. 이 운동에 참여한 기독교인들은 기독교인으로서 종교적 가르침을 따르고 가난한 사람들을 보호하겠다고 공언한 정치가들에게 맞서며 '예수라면 무엇을 삭감하겠는가?'라는 물음을 던졌다.[7]

• 세대를 초월한 간호 서비스: 국내 노동자들과 일용직 노동자들, 의료보험공단 노동자들이 환자 간호의 질을 높이고 공동체 의료 도우미들과 간호인들의 근로복지 혜택을 늘리기 위해 연합했다. 공동체 의료 도우미와 간호인은 향후 20년 내에 300만 명으로 늘어날 것이다.[8]

99%를 지지하는 1%도 있다

99%만 각성하고 있는 것이 아니다. 1% 내에서도 모두를 위한 경제를 건설하는 운동에 참여하는 이들이 있다. 99%의 열망을 후원하는 1%가 있다는 것은 희망적인 일이다. 앞서 언급했듯이 1%는 모두 똑같은

사람들이 아니다. 1% 기업의 월스트리트 지도자들과 협력해서 자신들의 힘을 이용해 특권을 보호하고 확대하는 1%의 조직화된 일부분, 즉 규칙 조작자들이 있다. 하지만 1%에 속하는 모든 사람들이 그런 것은 아니다.

여론 조사에 따르면 1% 계층의 65% 이상이 99%의 우려에 공감하고, 자신들이 세금을 더 많이 내야 한다고 생각한다. 이들은 과세 제도가 불공평하며 자신들이 지난 10년 동안 세제 혜택을 후하게 받았음을 인정한다.

보다 더 평등한 경제를 위해 조직을 결성한 1%

1% 중에서 99%를 지원하는 이들이 조직을 결성해 목소리를 내기 시작했다. 2010년에 '공공의 선을 위한 부(Wealth for the Common Good)'라는 단체가 등장해 불평등을 우려하고 공평한 세금 정책을 지지하는 기업 지도자들과 부유한 개인들이 한데 모였다. 이들은 2001년과 2003년에 이미 부시 정권의 감세 정책을 폐지하라고 국회에 탄원했다. 25만 달러 이상의 소득을 올려 훨씬 높은 세율을 납부하는 500명 이

상의 사람들이 그 탄원을 공개적으로 지지했다.

'공공의 선을 위한 부'라는 단체는 '조세 피난처 남용에 대항하는 기업과 투자자'라는 운동을 주도했다. 뿐만 아니라 '공동 번영을 위한 기업(Business for Shared Prosperity)'과 '중소 연합(Main Street Alliance)' 같은 55,000개 이상의 소규모 사업을 대표하는 연합과 연계해서 기업과 부유한 개인들이 수십 억 달러의 세금을 회피하는 국외 시스템을 차단하기 위해 로비활동을 펼쳤다. 2010년과 2011년에는 조세 피난처 남용 차단 법안의 주 입법의원인 상원의원 칼 레빈(Carl Levin)과 함께 기자회견을 열어 그 법안을 지지한다고 발표했다.[9]

2010년 가을, 오바마 대통령이 공화당 지도자들과 부자 감세를 유지하는 거래를 체결했을 때 1% 가운데서 공공의 선을 수호하는 이들이 작은 반란을 일으켰다. '회계 강화를 옹호하는 애국주의 백만장자(Patriotic Millionaires for Fiscal Strength)'라는 백만장자 250명이 모인 집단은 오바마 대통령과 국회에 '우리에게 과세하라'고 했다.

2011년 8월, 국회는 부채 상한선을 올릴지 말지에 대해 논의했다. 국회의 보수파 의원들은 '세입을 늘리는 것은 논외'이며, 적자와 부채 문제는 소비 감축으로만 해결할 수 있다고 주장했다. 워렌 버핏(Warren Buffett)은 〈뉴욕타임스〉에 '슈퍼리치들을 애지중지하지 마라'는 칼럼을 실어 자신이 비서와 다른 동료들보다 소득세를 훨씬 적게 납부한다고 털어놓았다. 자본소득세율이 낮기 때문이었다. 워렌 버핏의 투자소득세율이 15%인데 반해 근로소득세율은 35%로 높다.

이와 같은 버핏의 이야기가 나오고 상위 1%의 법인세 회피에 대한 이해가 깊어지자 그동안 곪은 상처가 터져 나왔다. 99% 중에서 많은 사람들이 수백 만 명에게 영향을 미치는 예산 감축 탓에 자신들이 엄청난 희생을 치러야 한다는 사실을 알아차렸다. 그와 같은 예산 감축은 그렇지 않아도 재정난에 시달리는 학교에 영향을 미치고 소방관과 경찰의 해고를 야기한다. 뿐만 아니라 예산이 감축되면 지방 원조도 감소해 공공시설이 폐쇄되고 청소년 프로그램들이 줄어든다. 1% 중에도 가족 중 정신건강이 나빠 고생하는 사람들이 있다. 그래서 1%에 속하는 사람들은 정신건강 서비스가 감소하면 정신건강이 나쁜 가족이 있는 가구들의 부담이 얼마나 커질지 잘 알고 있다.

언론 보도와 시위는 상위 1%가 몇 십 년 동안 그러했던 것보다 오늘날 얼마나 적은 소득세를 납부하고 있는지를 극적으로 보여주고 있다. 또한 수백 개 기업들은 적극적인 세금 회피 덕분에 세금을 아예 내지 않거나 굉장히 적게 낸다. 여론 조사에 따르면, 99%와 일부 1%는 '파산 우려 때문에 긴축한다'는 헛소리를 믿지 않았다.[10]

2011년 9월, 월스트리트 점령 시위가 전국 방방곡곡 광장으로 퍼져나가고 사람들이 사진과 '우리는 99%다'라는 이야기를 퍼뜨리기 시작했을 때 1% 중에서 몇몇 사람들의 의식이 깨어났다. 엘스페스 길모어(Elspeth Gilmore)는 아래와 같은 팻말을 들고 월스트리트 점령 시위에 참여했다.

나는 21살에 유산을 상속받았다.
나는 평생 보장받을 수 있는 건강보험과 치과보험을 갖고 있다.
나는 우리 모두가 부족함을 느끼지 않는 세상에서 살고 싶다.
나는 충분한 것 이상을 가지고 있다.
나는 1%다.
나는 99% 편이다.[11]

이로부터 일주일 후, '99%를 지지하는 1%'라는 웹사이트가 생겨났다. 수백 만 명의 1%가 그 사이트에 사진과 이야기를 올리기 시작했다. 보스턴 점령 시위(Occupy Boston)에 참여한 파하드 이브라히미(Farhad Ebrahimi)는 이런 글을 올렸다.

나는 내가 필요한 것보다 훨씬 많은 돈을 갖고 있다. 나는 1%다. 나는 역사상 최저의 세금을 납부하면서도 우리 정부에 역사상 최고의 자금력을 제공한다. 이것은 바람직한 일이 아니다! 그래서 어떻게 하고 있냐고? (1)나는 내 돈의 상당액을 사회 변화 단체에 기부한다. (2)나는 개인적으로 파탄 난 우리 시스템의 복구를 지지한다. 나는 99%의 편에 선다. 나는 보스턴 점령 시위에 참여한다. 여기서는 돈으로 특별한 영향력을 갖지 못한다. 어디서나 그렇게 되어야 한다.

1%가 공공의 선을 추구하는 이유는 무엇일까?

왜 1%에 속하는 사람들이 공개적으로 나서서 하위 99%를 지지한다고 선언하는 것일까? 그 동기는 무엇일까? 내가 인터뷰한 1% 사람들은 모두를 위한 경제를 지지하는 몇 가지 이유를 이렇게 설명했다.

• **단순하게 공평성을 추구한다**: 공공의 선을 추구하는 1% 사람들은 중산층이 몰락하고 예산 감축으로 인해 엄청난 피해가 발생하는 것을 지켜보았다. 보험 혜택을 제대로 받지 못하고 스트레스와 하루하루 경제적 불안감을 안고 살아가는 99%의 친구들과 이웃들이 어떤 영향을 받아왔는지 깨달았다. 1%는 전 세계를 여행 다닌다. 그렇기 때문에 때때로 어떤 사람들은 끊이지 않는 가난을 타고 태어나는 반면 다른 사람들은 끝없는 부를 거둬들이는 시스템의 근본적인 불공정과 세계적인 불평등을 직접 목격한다. 1% 중에서 몇몇 사람들은 그와 같은 불평등을 목격하고는 자신들의 부에 관해 깊은 생각을 한다. 하지만 대다수는 사회적 통념을 따른다.

• **불평등 해소가 장기적으로는 자신들에게 이득이 된다**: 자신들에게 이득이 된다는 이유로 보다 더 평등한 사회를 지지하기도 한다. 이들은 지나친 불평등이 불평등의 악순환과 훨씬 더 불안정한 경제를 초래해 결국에는 1% 계층의 자산도 위험해진다는 사실을 알고 있다. 1%

중에서 몇몇은 대다수의 사람들이 너무 적게 가지고 중산층의 구매력이 증발하는 경제가 얼마나 위험한지도 알고 있다. 1%는 앞좌석에 앉아 자산이 투기적 성격의 투자로 흘러들어가는 모습을 지켜보았다. 이들은 반란과 계급투쟁을 우려하고, 브라질 같은 나라가 되기를 바라지 않는다. 브라질에서는 부유한 엘리트 계층들이 경호원을 고용하고, 출입통제 거주지역과 슈퍼리치 전용 쇼핑가와 식당가를 방탄 메르세데스 벤츠를 타고 오가야 한다.

- **다음 세대에게 유산을 남겨준다:** 1% 가운데 많은 사람들은 '다음 세대에게 어떤 세상을 물려주고 싶은가?'라는 질문을 던지는 부모와 조부모들이다. 그들은 세상과 단절된 벽을 치고 살아가거나 요새 같은 부의 '섬'에 살면서 만족할지도 모른다. 하지만 자신들의 아이들은 세상으로 나가고 싶어 할 것임을 잘 알고 있다. 자신의 아이들이 인종차별 정책을 실시했던 남아프리카공화국 같은 사회에서 살기를 바랄까? 끔찍하게 불평등한 사회에서 살아야 할지도 모른다는 두려움이 1%의 마음을 움직였다. 하지만 1% 중에서 많은 사람들의 마음을 움직인 것은 유산의 의미였다. 다시 말해서 자신들이 발견한 캠프를 훨씬 더 깨

끗하게 관리하고 자신들에게 기회를 주었던 사회와 비슷한 사회를 물려줄 책임이 있음을 깨달은 것이다.

• **혼자서 이룬 것이 아니다**: 1%의 많은 사람들은 순전히 자신들의 노력과 근면으로 현재의 위치에 이른 것이 아니라는 사실을 안다. 그들의 부와 성공은 혼자서 이룬 것이 아니었다. 행운이 따라주고 유산을 물려받은 데다 사회 투자와 공적 투자 덕분에 큰돈을 벌 수 있었다.[12] 미국의 모든 사람들, 심지어는 순전히 자력으로 부를 쌓았다고 칭송받는 사람들도 기업 발전과 부의 팽창에 필요한 필수 요건들을 갖춘 사회를 물려받았다.

2차 세계대전 당시에 성인이 된 '가장 위대한 세대(The Greatest Generation)'는 1960년 이후 몇 년 동안 누렸던 건실하고 활기찬 경제의 근간이 되는 교육과 기술연구, 기반시설, 중산층 확대, 기회에 투자하기 위해 자신들에게 누진세를 부과했다.

'회계 강화를 옹호하는 애국주의 백만장자'와 '공공의 선을 위한 부'의 회원들은 왜 자신들이 세금을 더 많이 납부해야 하는지를 시적이면서도 매우 명확하게 표명했다. AOL의 공동 창립자 찰리 핑크(Charlie Fink)는 이렇게 말했다. "나의 돈보다 우리나라가 더 중요하기 때문에 나에게 과세해야 한다."

09 　불평등의 악순환을 끊어라

> 내가 제안하는 법의 형태는 다음과 같다. 모든 고통 가운데서 가장 고통스러운 것, 즉 파벌이 아니라 불화에서 벗어나고 싶어 하는 나라에서는 극한 빈곤이나 극한 부가 존재해서는 안 된다. 그 둘 모두가 거대한 악을 낳기 때문이다. ……이제 입법자들은 빈곤이나 부의 한계를 정해야 한다. —플라톤(Plato, 기원전 427~34)

　　　　　세상을 파괴하는 불평등의 악순환을 어떻게 끊을 수 있을까? 우리는 무엇을 해야 할까? 어떤 행동과 정책이 가장 효과적인 변화를 가져올까?

　한 세기 전, 남북전쟁 이후의 대호황시대 사람들은 극단적인 불평등을 해소했다. 그들은 경제에 관한 진리를 깨닫고 조직을 결성해서 강력한 사회 운동을 전개해 변화를 촉구했다. 불평등이 극단적 수준에 이르기까지 한 세대가 걸렸듯 불평등을 해소하는 데도 한 세대가 걸렸다.

신경제(new economy)로 전환해야 한다

세상은 이미 변해서 이번에는 매우 달라질 것이다. 우리는 불평등을 줄이는 정책을 촉구할 뿐만 아니라 완전히 다른 경제 성장 모델에 토대를 둔 신경제로 빠르게 전환해야 한다.

지구의 한정된 자원을 과도하게 고갈시키는 소비 위주의 경제로 돌아가서는 안 된다. 값싸고 얻기 쉬운 석유를 기반으로 움직이는 경제는 더 이상 우리의 대안이 아니다. 정확하게 그 반대로 움직여야 한다. 정부가 대량 소비를 창출하기 위해 지출을 늘리는 '펌프에 마중물 붓기'와 같은 낡은 방식은 공동 번영을 토대로 움직이는 경제로 나아가는 길이 아닐 것이다. 현재 우리는 완전히 다른 가치들과 생태학적 한계, 열망에 기초한 새로운 경제 체제로 나아가야 한다.[1]

성공하려면 불평등 생산기계인 월스트리트를 폐쇄하고 상위 1% 중 게임 조작자들의 근시안적이고 무모한 행동을 중단시켜야 한다. 변죽만 울리거나 그들의 과도한 행위를 억제하려고만 해서는 안 된다.

월스트리트는 달라져야 한다. 월스트리트의 투기꾼들은 99%가 살아가는 실물 경제에 이렇다 할 가치를 만들지 못했다. 1% 가운데 몇몇 사람들은 투기성 거래가 오고가는 월스트리트가 없다면 모두가 가난해진다고, 월스트리트를 없애는 것은 황금알을 낳는 거위를 죽이는 짓이라고 외칠지도 모른다. 하지만 그것은 진실이 아니다. 이제는 99% 가운데 많은 사람들이 그와 같은 주장에 넘어가지 않을 것이다.

1% 가운데서 우리를 돕는 동맹자들을 포함한 창의적인 에너지와 자원들은 지구의 실질적인 한계 내에서 움직이며 모두에게 건전한 삶을 선사하는 신경제 건설을 위해 움직여야 한다. 1%가 아니라 100%를 위한 경제를 구축해야 한다.

지금 전 세계의 하위 99%는 식품 안전과 깨끗한 식수, 공정무역, 남부럽지 않은 삶과 생계를 이어나갈 수 있는 기본권을 보장받기 위해서 사회 운동을 조직하고 있다. 북반구의 선진국들, 즉 5% 부국들의 국민들은 전 세계의 99%와 연합해서 주권과 경제적 독립을 얻기 위해 싸우는 99%의 투쟁을 지원해야 한다. 무심코 극소수인 세계의 규칙 조작자들 편에 서서는 안 된다.

변화를 촉구하는 한 가지 프로그램만 갖고는 성공하지 못한다. 부와 기회가 1%에게 집중되는 것이 아니라 모두에게 돌아가도록 경제를 재편하는 정책들과 활동들이 필요하다. 우리의 가치를 바꾸지도 않고 권력의 엄청난 불균형을 해소하지도 않은 채 규칙만 바꿔서는 성공하지 못한다.

극단적인 불균형이 생기면 권력이 1%에 집중되고 그 1% 가운데 일부가 부를 축적하기 위해 자신들의 권력을 위한 법률과 제도를 만들며, 경제적 불평등은 점점 악화된다. 우리의 과제 가운데 하나는 그와 같은 악순환의 고리를 끊는 핵심적인 방법들, 다시 말해 하향 추세를 되돌리기 위해 규칙 조작자들의 약점을 찾아내어 우리의 조직화된 에너지를 쏟아 붓는 것이다. 그와 같은 약점을 찾아내면 비효율적인 전략들을 실행하느라 시간을 낭비하는 일을 피할 수 있다.

세 가지 전환의 키워드 : 가치, 권력, 규칙

불평등의 하향 악순환을 가속화하는 세 가지 근본적인 변화가 일어났다. 첫째, 우리의 사고방식과 생활방식을 지배하는 문화와 규범 그리고 이야기에 나타나는 가치가 변했다. 둘째, 권력이 99%에서 1%로 이동했다. 마지막으로 경제를 지배하는 규칙들이 99%를 희생시켜 1%에게 이롭게 변했다. 이와 같은 가치와 규칙, 권력의 변화는 서로에게 영향을 끼치고 서로를 보완해준다.

우리 사회의 가치들이 개인주의적으로 변함에 따라 공동의 선을 지지하는 공동체 기관이나 시민 단체들에 대한 후원은 차츰 줄어들게 된다. 또한 부가 소수에게 집중되면서 몇몇 사람들이 보다 협소하고 이기적인 사익(私益)을 추구할 뿐만 아니라 공동체 기관들을 약화시키고 자신들의 부를 강화시키는 정책을 위해 그들의 부를 이용해서 로비한다.

여기에서는 가치의 변화와 권력의 이동이 어떻게 일어났는지 살펴보고 불평등을 해소하는 데 도움이 되는 전략들을 분석한다. 경제에 영향을 미치는 규칙의 변화는 다음 10장에서 다루겠다.

가치의 전환

우리는 가치를 바꾸지 않고서는 100%와 지구를 위한 경제를 구축하지 못한다. 극단적 불평등은 우리 사회가 용인했기 때문에 생겨난 것이다. 심지어 우리들은 극단적 불평등을 정당화하기도 한다.

표13. 불평등의 소용돌이. 부가 1%에게 집중되면서 1%가 그들의 권력을 이용해 규칙을 자신들에게 이롭게 바꾼다. 이로 인해 하위 99%의 삶의 질은 하향 나선을 그리며 악순환된다.

지배적인 가치와 이야기

지난 30년을 지배했던 가치와 사회적 이야기는 다음과 같다.

- 네 일은 네가 알아서 해.
- 자기 자신만 생각한다.
- 지구나 다른 사람들을 아랑곳하지 않고 소비한다.
- 원하는 것은 뭐든지 하라. 빨리 할수록 더 좋다.
- 따라잡지 못하면 불행해질 것이다.
- 각자가 자신의 이익을 잘 추구하면 모든 일이 잘 풀릴 것이다.
- 자격과 노력에 따라 사람들이 '경제적 사다리'에서 차지하는 자리가 달라진다.

불평등을 해소하려면 위와 같은 가치들 가운데 몇 가지가 달라지고 권력의 분배와 경제 규칙도 함께 변해야 한다. 우리의 신념과 사회적 이야기들이 어떻게 불평등을 심화시키는 것일까? 가치와 이야기 영역의 어떤 점이 우리를 자극하는가? 불평등을 해소하려면 공동체 지향적인 가치를 고양시키고 불평등을 영구화하는 몇몇 문화적 통념과 가치, 이야기를 무너뜨려야 한다.

공동체적 가치

신경제로 전환하려면 새로운 가치와 이야기가 필요하다. 다음과 같은 원칙과 인식이 중요하다.

- 누구도 뒤처져서는 안 된다. 모든 사람들은 서로에게 나눠줄 재능을 지니고 있다.
- 사람들이 시장을 섬기도록 해서는 안 된다. 인간의 삶과 자연을 풍요롭게 만드는 경제를 구축해야 한다.
- 다음 일곱 세대까지 내다봐야 한다. 다시 말해서 향후 7대까지 미칠 영향력을 고려한 행동을 취해야 한다.
- 누구도 혼자서는 못한다. 고립된 섬과 같은 사람은 아무도 없다. 우리 모두 이전 세대의 원조와 투자의 덕을 보고 있다. 우리는 물려받은 것을 후대에 물려줄 의무가 있다.

표14. 1970년대 이후로 세 가지 전환이 일어났다. 가치가 달라지고 권력이 이동하면서 경제를 지배하는 규칙들이 변했다.

가치와 규범이 공동체적 가치에서 보다 더 개인적인 가치로 변했다.
예컨대 '네 일은 네가 알아서 하라'는 가치가 그렇다.

권력이 99%와 중소사업체에서 상위 1%와 몇 천 개의 다국적 기업들로 이동했다.
예컨데 상위 1%의 선거 기부금이 하위 99%의 표를 이긴다.

경제를 지배하는 규칙들과 정책들이 변했다.
예컨대 부자들이 감세를 받을 때 최저 임금은 동결되었다.

- 모두가 더 잘할 때 우리 모두가 더 잘한다.
- 한 사람이 피해를 입으면 모두가 피해를 본다.
- 종교의 가르침에 따르면 우리는 한 몸이다.
- 후대에 영향을 미칠 행동의 결과는 무시할 수 없다.

이와 같은 가치들은 기본적인 것들이며 현재 사회와 미래 사회를 반영한다.

권력의 이동

상위 1%와 99% 사이의 격차는 미국 사회에서 근본적인 권력이 이동했기 때문에 생겨난 것이다. 중소규모 사업체들이 영향력을 잃어갈 때 월스트리트의 기업들은 민주주의 사회에서 자신들의 권력을 키워갔다. 노동조합의 힘이 약화되고, 기업 로비스트들의 힘은 강화됐다. 1%의 재력이 정계로 흘러들어가 유권자들의 힘은 점점 약화되었다. 조직된 시민단체들이 권력을 잃고 기업들이 그 권력을 차지했으며, 1% 기업들이 정치 체계(선거운동과 선거, 입법)를 장악했다.

현재는 총체적 정치난국에 빠져 있다. 여론과 99%는 정치 지도자들이(4장에서 언급했듯) 지금과는 완전히 다른 모두를 위한 우선 과제들을 추진해주기를 바란다. 99%는 또한 월스트리트의 은행과 무모한 기업들에 대한 감독이 더욱 강화되기를 바란다. 이뿐만 아니라 백만장자들이 자기 몫의 세금을 내고, 소비자들이 약탈적인 소비금융, 신용카드 산업에 희생되지 않기를 바란다. 하지만 상위 1%가 정계에 지나치게 많은 영향력을 행사해 그와 같은 변화를 가로막는다.

그럼에도 불구하고 모두를 위한 긍정적인 변화를 촉구하는 압력은 더욱 거세질 것이다. 99% 중에서 충분히 많은 사람들이 변화를 요구하고 상위 1%만을 챙기는 선출직 공직자를 낙선시키기 위해 조직을 결성하는 때가 중요해질 것이다. 그런 때가 오려면 충분히 많은 수의 99%가 변화를 촉구하는 조직화된 노력에 동참해야 한다.

오늘날에는 페이스북과 트위터 같은 소셜 미디어 때문에 권력 구축이 과거와 완전히 달라진 것처럼 보일 것이다. 하지만 오늘날에도 과거와 마찬가지로 사람과 사람이 교류하고 직접 대면하는 단체와 사회운동이 세상을 움직인다. 그렇기 때문에 과거의 사회 운동에서 영감과 전략적 통찰력을 얻는 것이 중요하다. 1880년대에서 1920년대에 이르기까지 각기 다른 속국에서 일어난 지역별 공산주의, 인민주의 운동은 남북전쟁 이후 대호황시대의 불평등과 부패를 해소시켜줄 변화를 촉구하기 위해 수십 년 동안 조직적으로 활동했다. [2]

현재는 상위 1%와 99%, 월스트리트와 메인스트리트(중소기업) 사이의 권력 불균형이 엄청나게 크다. 그와 같은 불균형을 해소하려면 사람들이 모여서 조직을 결성하고, 시민활동과 정치에 참여하며, 공적 생활에서 새로운 가치들을 고양시켜야 한다. 또한 1%가 아니라 100%를 섬기는 정치인들을 선출하고 그들에게 책임감을 주고, 든든한 힘을 실어주기 위해 강력한 단체를 결성해야 한다. 이와 같은 몇몇 단체들은 앞장에서 언급했다. 그 중 몇몇 단체들을 살펴보고 자신과 어떤 관련이 있는지 알아보자.

• 노동자 단체: 지난 40년 동안 노동조합과 노동자 센터, 노동자 권리보호 단체들은 공격을 받았다. 하지만 위스콘신의 소환투표 운동(반(反)공무원노조법을 추진하는 위스콘신 주지사 스캇 워커를 해임시키는 투표를 요구

한 운동) 이후, 많은 사람들이 노동자의 권리와 중산층 생활을 보호하기 위해 새로운 에너지를 끌어내고 있다. 워킹 아메리카(Working America) 같은 새로운 노동자 단체들은 일 년에 수백 만 가구를 찾아다닌다. 또한 공정한 경제를 위한 투쟁(Fight for a Fair Economy) 운동은 20개의 주요 도심 지역에서 활동하는 운동가들에게 힘을 불어넣어준다.

• 신앙에 뿌리를 둔 조직: 많은 종교 집회와 신앙인들이 강력한 지역 연합을 결성해 자신들의 종교적 가치를 전파한다. PICO와 가말리엘(Gamaliel), 공업지역 재단(Industrial Area Foundation)과 같은 조직들은 집회의 제도적 기반뿐만 아니라 사회적 변화를 추진하는 새로운 세력까지 구축하고 있다.

• 새로운 시민 조직화와 '인터넷 뿌리(net-roots)' 운동: 무브온(미국의 진보적 비영리단체. www.moveon.org 홈페이지 참고)과 컬러 오브 체인지(Color of Change, 미국 내 흑인들의 정치적 목소리를 강화하기 위해 만들어진 '풀뿌리' 조직), 기타 98%와 같은 조직들을 포함한 '인터넷 뿌리'를 조직하는 세대가 새롭게 등장했다. 이와 같은 조직들은 행동을 취하기 위해 돈과 권력, 사람을 모은다. 뿐만 아니라 뉴 보텀 라인(New Bottom Line)과 US 언

컷, 월스트리트 점령 시위처럼 새롭게 나타나는 직접 행동에 참여하라고 사람들을 부추긴다. 사람들은 그와 같은 운동을 통해 이웃을 만나고 변화를 촉구하기 위해 거리로 나선다.

• 소규모 집단 운동과 지역 후원 단체: 일자리나 집을 잃거나 혹은 스멀스멀 피어오르는 경제적 불안감을 느낄 때 어떻게 고립된 상태에서 벗어나 후원을 받을까? 공동체에서 일어난 비폭력 직접 행동과 시위에 참여하기 위해 어떤 준비를 해야 할까? 신경제 체제로 전환하기 위해서 개인적으로 어떻게 준비해야 하는가? 수천 명의 미국인들은 동호인 단체와 지역공동체 모임(resilience circles, 지역주민들끼리 학습과 상호협동, 커뮤니티 활동 등을 통해 개인의 안전을 도모하는 소규모 집단. localcircles.org/ 홈페이지 참고), 꿈 재건 단체(rebuilding-the-dream circles)를 결성해서 서로를 돕고, 변화하는 경제에 관한 지식을 공유하며 다른 사람들과 함께 사회적 행동을 취한다. 이와 같은 소규모 집단은 사회 운동에서 중요한 몫을 차지한다.

이들 집단은 사회 운동의 밑바탕이 되기도 한다. 사람들은 혼자 행동하거나 소수의 핵심 집단만으로는 실질적이고 강력한 운동을 펼치지 못한다. 10장에서 소개할 규칙 전환 프로그램을 성공적으로 시행하려면 사람들의 힘과 조직이 필요하다.

10 대담하게 규칙을 바꿔라

> 불평등이 심화되는 세상에서 '가진 자'의 재산권을 '가지지 못한 자'의 인권보다 우대하는 기관들을 합법화하는 것은 분명 심각한 문제가 된다. —데이비드 코튼(David Korten, 1937~ . 하버드 대학 경제학 교수)

경제 규칙을 바꿔야 1%만이 아니라 100%의 삶이 나아진다. 1970년대 중반 무렵부터 1%의 단기적 이득을 도모하는 방향으로 경제 규칙이 변했다. 이제 다시 이 같은 규칙들은 모두에게 이롭게 바뀌어야 한다.

세 가지 규칙 전환

세 가지 범주의 정책이 변해야 한다. 첫째는 경제 하위 계층의 바닥을 높이고, 둘째는 공정한 경쟁의 장을 만들며, 셋째는 과도하게 집중된 부와 기업의 힘을 분산시키는 규칙과 정책이다. 이와 같은 범주는 명확하게 나눠진 것이 아니지만 각기 다른 규칙 변화들을 묶어주는 유용한 틀이 된다.

1. 바닥을 높이는 규칙 변화

- 최저 임금이 생활 임금이 되도록 한다.
- 모두에게 의료보험 혜택을 제공한다.
- 기본적인 근로기준을 세우고 고용을 보장한다.

2. 공정한 경쟁의 장을 만드는 규칙 변화

- 교육에 투자한다.
- 정치에 미치는 돈의 영향력을 줄인다.
- 공정무역에 관한 규칙을 시행한다.

3. 부와 권력을 분산시키는 규칙 변화

- 1%에게 과세한다.
- CEO가 받는 임금의 한도를 정한다.
- 기업의 조세 회피를 막는다.
- 재정 체계를 개선한다.
- 대기업의 지배구조를 재편한다.

• 과세 체계를 재편한다.

바닥을 높이는 규칙 변화

바닥을 높이는 규칙 변화가 일어나면 빈곤이 감소하고 인간답게 살 수 있는 기본적인 최소 기준이 생겨 그 기준 이하의 생활을 하는 사람은 사라질 것이다. 노르웨이와 덴마크, 핀란드 같은 북유럽 국가들은 불평등 수준이 낮고 튼튼한 사회 안전망과 바닥을 높이는 정책들을 갖추고 있다.

한편 미국인의 3분의 1은 병가가 없고, 절반은 휴가가 없다. 누구나 아플 때 휴식을 취하고 일 년에 몇 주 동안 휴가를 즐길 권리를 가져야 한다. 다른 선진국에서는 그와 같은 권리가 기본적인 인권에 속한다. 바닥을 높이는 규칙 변화에는 다음과 같은 것들이 있다.

• **최저 임금이 기본적인 생활 수준을 보장한다**: 최저 임금이 주거와 의료, 교통, 육아에 들어가는 기본적인 생활비의 상승을 따라잡지 못할 수밖에 없다. 기본적인 생활비 지출로 빈곤의 악순환에 빠지는 사

람이 없어야 한다.

• 모두에게 의료보험 혜택을 제공한다: 의료 혜택을 확장해 모든 아동과 성인이 최소한의 의료보험 혜택을 받도록 한다. 의료보험 혜택을 받지 못하고 치료비 지출로 인해 가난해지는 사람이 없어야 한다.

• 기본적인 근로기준을 세우고 노동권을 보호한다: 기본적인 노동자 권리와 기준을 보장해주면, 특히 현재 체계에서 약탈당하고 불이익을 입는 하위 10% 노동자들의 삶이 향상된다. 예를 들어 40시간 근무, 최소 휴가 및 가족 의료보험과 병가, 임금체불 방지와 같은 규칙들이 모두에게 보다 더 인간적인 사회를 구현하는 데 기여한다.

공정한 경쟁을 위한 장을 만드는 규칙 변화

공정한 경쟁의 장을 만드는 규칙 변화가 일어나면 1%에게 흘러들어가는 불평등한 부와 권력의 이점이 줄어든다. 다음과 같은 규칙 변화가 있다.

• 평등한 교육의 기회에 투자한다: 현재의 세계 경제에서 교육의 불

평등은 더 많은 불평등을 심화시킨다. 교육에 대한 공적 투자는 불평등을 줄여나갈 수 있는 중요한 수단들 가운데 하나다. "광범위한 공교육은 성장의 한 축을 담당한다. 상대적으로 공정하게 소득이 분배되지 않는 한 교육의 보편적인 접근성을 확보하기 어렵다."[1] 세계은행(World Bank)의 경제학자 브랭코 밀라노빅(Branko Milanovic)의 말이다.

• 정치에 미치는 돈의 영향력을 줄인다: 선거의 공적자금 지원과 같은 다양한 재정 개선책을 통해 막대한 부와 정치적 영향력의 연관성을 약화시킬 수 있다. 그와 같은 개선책으로는 선거 자금 제한과 기업의 기부와 영향력 행사 금지, 기부금 공개의 필수의무 등이 있다.

• 공정무역 규칙을 시행한다: 대부분의 국제 자유무역 조약은 다국적 대기업의 부를 증가시키고, 상위 1% 중 상당수가 세계적 기업들의 최대 주주다. 자유무역 규칙은 아동 노동 규제와 환경 보호, 노동자의 조직을 결성할 수 있는 권리, 기업 규제의 기준을 낮추도록 하는 국가 간의 경쟁을 초래한다. 이런 체계에서는 가장 낮은 기준을 세운 국가가 거대한 다국적 대기업의 투자를 받는다. 그러나 공정무역 규칙은 환경 기준과 노동 기준을 높이고, 소비자들에게 좋은 기업이라는 이미지를

심어주기 때문에 기업들은 다른 부분에서 효율성을 높이려고 경쟁하게 된다.

부와 권력을 분산시키는 규칙 변화

바닥을 높이고 공정한 경쟁의 장은 만들 수 있다. 그러나 상위 1%의 부와 기업 권력의 과도한 집중을 분산시키는 정책들을 적극적으로 지지하지 않는다면, 극단적 불평등의 역효과를 막을 수 없다. 부와 권력의 막대한 불평등을 직접적으로 해결하지 않으면 앞서 설명했던 바닥을 높이고 공정한 경쟁의 장을 만드는 규칙 변화와 정책 조정에 성공하지 못한다. 예를 들어 상위 1%의 영향력을 제한하는 효과적인 방법들을 찾는 선거자금법을 통과시킬 수 없다. 1%는 언제나 그러한 법을 가로막을 방법을 찾아내기 때문이다. 집중된 부는 언덕을 흘러내려가는 물과 같아서 불가피하게 정계에 영향을 미치게 된다. 이와 같은 흐름을 바꾸는 유일한 방법은 부가 집중되어 높이 쌓이지 않도록 하는 것이다. 언덕을 평평하게 깎아내야 한다!

여기서는 극단적인 불평등을 해소하고자 할 때 고려해야 하는 광범위한 정책안들을 살펴보겠다. 그 중 몇몇 가지 방법은 수십 년 동안 공공의제에서 제외됐거나 진지하게 고려되지 않았다.

- **1%에게 과세한다**: 역사적으로 1%에게 과세하는 방법은 집중된 부를 줄이는 중요한 규칙 변화들 가운데 하나다. 1915년에 국회는 연방 소득세와 상속세를 부과하는 법률들을 통과시켰다. 덕분에 그 이후 수십 년 동안 소득과 부의 집중이 감소했고, 심지어는 남북전쟁 이후 대호황시대의 대저택들이 시민단체와 자선 단체로 넘어갔다.[2]

  높은 소득과 재산에 과세하는 정책은 1950년대 중반에 절정에 이르렀다. 당시에 백만장자들은 소득의 91%를 세금으로 납부했다. 그러나 오늘날 백만장자들에게 부과되는 소득세율은 21%로 하락했다. 기업이 납부하는 세금도 1950년대 중반에는 국가 세입의 3분의 1을 차지했는데 오늘날에는 10분의 1도 채 되지 않는다. 게다가 1% 기업은 1961년에는 순이익의 47.4%를 세금으로 냈지만 지금은 11.1%에 불과하다.[3]

  부자들에게 부과되는 세금은 지난 50년 동안 꾸준히 감소했다. 1%

가 1961년의 실효세율로 세금을 납부하면 미국 재무부는 지금보다 일 년에 2,310억 달러를 추가로 거둬들일 수 있다.[4] 가장 최근인 2009년에 소개된 한 자료에 따르면, 1500명의 백만장자들이 소득세를 내지 않았는데 대체로 해외 조세회피 수단을 이용해 세금을 회피했기 때문이다.[5]

불평등이 그러하듯이 소득 사다리에서 높은 위치를 차지한 사람일수록 낮은 소득세율을 적용받는다. 그렇기 때문에 자신에게 부과된 낮은 세금을 공개한 워렌 버핏의 이야기가 중요한 의미를 지닌다. 버핏은 2010년에 소득의 25%나 30%를 세금으로 납부하는 동료들보다 훨씬 적게 투자 소득의 14%만 세금으로 납부했다고 폭로했다. 버핏은 다음과 같은 글을 썼다.

빈민층과 중산층이 아프가니스탄에서 우리를 위해 전쟁을 하고 대부분의 미국인들이 생계를 이어나가기 위해 투쟁할 때 엄청나게 부유한 우리들은 계속해서 특별한 감세 혜택을 누렸다. 우리 중 몇몇은 하루에 수십 억 씩 버는 투자 매니저인데도 그들의 소득이 성과급(carried interest)으로 분류되어 15%의 소득세율로 세금을 납부한다. 또 다른 사람들은 10분 동안 주가 지수 선물을 갖고 있다가 장기투자를 한 것처럼 처리해 거기서 얻은 수익의 60%에 부과되는 세금 대신 15%의 세금만 납부한다.

우리가 이와 같은 혜택을 누리는 것은 점박이 부엉이나 다른 멸종 위기 동물이라도 되는 것처럼 우리를 보호하려는 워싱턴의 의원들 덕분이다. 높은 자리에 있는 친구들이 있다는 것은 참 좋은 일이다.

400대 부자 납세자들의 실효세율은 1961년에 40% 이상이었지만, 2010년에는 18.1%로 하락했다.[6]

미국은 2001년부터 2010년 사이에 상위 1%에게 감세 혜택을 주기 위해 거의 1조 달러의 채무를 만들어야 했다. 조지 부시 대통령 시절에 통과된 2001년과 2003년 감세 정책은 주로 상위 1%와 2% 납세자들을 위한 것이었다. 구체적으로 살펴보면, 최상위 소득자들에게 부과하는 세율을 낮추고, 자본소득세와 배당세를 감축하며, 상속재산에 부과하는 상속세를 없애는 정책이 있었다.

기업회계 문제와 불평등 문제의 총체적 규모를 고려했을 때 백만장자들에게 과세하는 정책에 지나치게 치중하는 것은 아닐까? 보다 광범위하게 세금을 올려야 하는 것은 아닐까?[7]

1%에게 과세한다고 해서 단기 적자 문제가 완전히 해결되거나 불평등이 단기간에 극적으로 약화되지는 않을 것이다. 하지만 시간이 흐르면서 1% 과세 정책이 그 두 가지 문제에 미치는 영향력이 점차 커진다. 30년 동안 1%에게 감세 혜택을 부여한 탓에 중간 소득 납세자들이 대신 세금을 떠안았다. 뿐만 아니라 국가 부채가 늘어나 중산층에 대한 부가세 세율 상승이 지속되었다. 1차 세계대전 이후와 대공황 때 미국에서 그랬듯이 누진세는 불평등을 조금씩 해소시킨다. 극단적인 불평등은 하루만에 생겨난 것이 아니므로 순식간에 해소되지 않을 것이다. 하지만 소득과 부의 집중이 약화되면 상위 1%가 정치 규칙을 조작하고 훼손하는 데 사용할 로비자금이 줄어든다.

• **CEO의 임금에 상한선을 둔다**: 상위 1% 기업의 CEO들은 불평등 생산기계 월스트리트의 주요 원동력이다. 그들은 1%의 부를 증강시키는 규칙 변화를 추진하고 그 과정에서 엄청난 돈을 자기들 호주머

니에 챙겨 넣는다. 그처럼 규칙을 조작하지만 단기적 성과에 인센티브를 제공하는 규칙들은 건드리지 않는다. 초창기 CEO 세대는 각기 다른 가치와 규칙에 따라 활동했고 장기적 관점에서 지속가능한 경영환경에 대한 그림을 그렸다.[8]

무모한 단기성과 위주의 경영활동과 지나치게 많은 간부 임금을 초래하는 왜곡된 인센티브 체계를 바로잡을 수 있는 다양한 정책들과 규칙 변화들이 있다. 1%에 집중된 부를 축소하면서 기업 관행도 개선하는 몇몇 원칙들과 실례를 소개하자면 아래와 같다.

- **CEO와 노동자의 임금 격차를 좁히도록 장려한다**: 고위 간부들이 일반 직원들보다 정기적으로 수백 배 많은 보상을 받는 극단적인 임금 격차는 공정성의 기본 원칙에 위배된다. 이와 같은 격차는 또한 기업 효율성을 해친다. 경영의 대가 피터 드러커(Peter Drucker)는 남북전쟁 이후 대호황시대의 금융가 J. P. 모건의 견해를 인용하면서 이렇게 말했다. "노동자와 간부의 임금비율이 기업의 사기와 생산성을 해치지 않으면서 20대 1을 넘어서는 안 된다."[9] 조사 결과에 따르면, 정보화 시

대의 기업들은 모든 직원들의 창의적 공헌을 이용하고 그에 대한 보상을 제공할 때 더 효율적으로 운영된다고 한다.[10]

이와 같은 임금 격차를 줄이는 데 효과적인 정책은 CEO와 노동자의 임금 격차를 의무적으로 보고하도록 하는 것이다. 2010년 도드-프랭크(Dodd-Frank) 금융개혁 법안에는 모든 기업은 CEO 임금과 중간 관리자 임금의 비율을 나머지 직원들에게 공개해야 한다는 조항이 있었다. 이처럼 간단한 보고 조항은 기득권의 비난을 받았지만 보호해야 마땅하고, 임금 비율이 기업의 성과를 평가하는 핵심 기준이 되어야 한다.[11]

- **과도한 간부 임금에 대한 납세자 보조금을 없앤다:** 일반 납세자들이 과도한 간부 임금에 대한 보상비용을 대신 부담해서는 안 된다. 그러나 현실은 간부 임금의 과도한 상승을 부추기는 다양한 세금과 회계 허점 때문에 일반 납세자들이 그 대가를 대신 치른다. 이와 같은 잘못된 인센티브 제도 때문에 매년 세입이 과거 세입보다 200억 이상 감소한다.[12] 예컨대 간부 보상비용으로 세금공제를 받을 수 있는 한계를 정

하는 강력한 규제가 없다. 그래서 회사가 CEO 임금을 많이 줄수록 연방법인세를 더욱 많이 공제받을 수 있다.

이 문제를 해결하는 효과적인 정책은 과도한 보상에 대한 세금공제를 제한하는 것이다. 소득-자산 법령(HR 382)은 회사에서 최저 임금을 받는 직원의 연봉보다 25배 이상인 간부 연봉 혹은 50만 달러 이상의 연봉에 대한 세금공제를 금지한다. 기업은 원하는 만큼 임금을 지급할 수 있지만 일정 금액을 넘어섰을 때 다른 납세자들이 그 비용을 보조하게 해서는 안 된다. 이와 같은 세금공제 한도는 금융구제를 받는 기업들에게도 적용되었고, 의료보험 개혁 법안의 대상이 되는 의료보험 회사들에도 적용될 것이다.

• **총 보상금액에 합리적인 한도를 정하도록 장려한다**: 간부가 연간 보상을 많이 받을수록 장기적인 기업의 건전성을 희생시켜 단기 이득을 창출하는 무모한 결정을 내리기 쉽다. 지나치게 많은 CEO 임금은 또한 최근에는 기업 총수익의 거의 10%를 차지해서 기업의 수익을 고갈시키고 있다.[13] 정부는 모든 기업의 임금 수준을 일일이 세세하게 관

리하지 않아도 보다 더 합당한 보상 수준을 유지하라고 장려할 수 있다.

이 문제를 해결하는 효과적인 정책은 한계세율을 높이는 것이다. 앞에서 논의했듯이 고소득에 훨씬 높은 세율을 부과하면 비대해진 임금 수준을 가장 효과적으로 낮출 수 있다. 1950년대와 1960년대에는 누진세 덕분에 보상 규모가 지금보다 훨씬 합당한 한도 내에 머물렀다.

- **주주들에게 책임을 지운다**: 간부의 임금 수준을 결정하는 기업 이사회는 주주들에게 서면으로 보고해야 한다. 사실상 주주들은 기업 간부의 임금 결정에 관여할 권리가 없었다. 최근의 개혁으로 기업 이사회는 기업 관리들에게 확대 지급한 보상에 대해서 주주들에게 설명하기 시작했다. 주주들에게 간부의 임금 수준에 대해서 구속력 있는 목소리를 낼 수 있는 권리를 주는 것이 효과적인 정책이다(도드-프랭크 개혁 법안에는 보상과 퇴직연금 패키지에 대해 강제성이 없다는 결의안 조항이 있다).

- **보다 광범위한 이해관계자들에게 책임을 지운다**: 2008년 금융위기가 닥쳤을 때 배웠듯이 간부 보수 지급 관행은 주주들뿐만 아니라

훨씬 많은 사람들에게 피해를 끼쳤다. 그러한 보수 지급 관행을 효과적으로 개혁하려면 경영자들이 주주들만이 아니라 소비자와 직원, 기업이 활동하는 공동체와 같은 모든 이해관계자들의 이익을 고려해서 결정하도록 장려해야 한다.

정부 관련 사업의 사업자들은 보다 광범위하게 공개하도록 보장하는 정책이 필요하다. 정부와 거래하는 기업은 보다 높은 공개 기준을 지켜야 한다. 납세자들과 노동자들, 소비자들은 자신의 세금이 최고 경영진의 보수를 보조하는 데 얼마나 들어가는지 알아야 한다. 한 가지 정책 변화는 애국기업법(Patriot Corporations Act)이 통과되는 것이다. 이 법안이 통과되면 납세에 따른 인센티브가 확대되고, 연방정부는 바람직한 행동 기준을 준수하는 기업과의 거래를 점점 더 선호하게 된다. 바람직한 행동 기준의 예를 들면 최저 보수를 받는 노동자의 소득보다 100배 이상 많은 보수를 간부들에게 지급하지 않는 것이다.[14]

• **기업의 세금 회피를 막는다**: 법인 소득세를 내지 않거나 적게 내는 다국적 대기업들이 수백 개에 이른다. 예컨대 버라이즌(Verizon)과 제너

럴 일렉트릭(GE), 보잉(Boeing), 아마존(Amazon) 등이 있다. 1% 기업들의 공통적인 조세회피 수법은 케이맨 제도(Cayman Islands)처럼 세금이 낮거나 세금이 없는 나라의 자회사로 수익을 돌리는 것이다. 1% 기업들은 미국 정부에 대한 기업의 의무를 줄이거나 없애면서 수익은 해외에서 발생하고 미국에서는 손실만 늘어나는 척 가장한다.

하지만 이와 같은 기업들은 미국 내 공공 기반시설을 이용한다. 다시 말해서 학교에서 훈련받은 노동자들을 고용하고, 미국의 사법제도에 기대어 자신들의 재산을 보호하며, 국가의 군대가 전 세계에 분포되어 있는 그들의 자산을 지켜준다. 그런데도 1% 기업들은 자기 몫의 세금을 납부하지 않는다. 전시에는 이러한 기업들이 세금을 둘러싼 장난을 치고 중소기업이나 개인에 비해 훨씬 낮은 수준의 희생만 감당한다.

기업의 세금 회피는 중소기업, 즉 공평하지 않은 경쟁의 장에서 경쟁해야 하는 99%에게 해를 끼친다. "소기업은 지역 경제의 근원이다. 우리는 우리 몫의 세금을 납부하고 새로운 일자리의 대부분을 창출한다. 왜 우리가 조세피난처를 이용해 세금을 납부하지 않는 미국의 다국적 기업들에게 보조금을 줘야 하는가?" 남부 캘리포니아 소기업 상업회의소(South Carolina Small Business Chamber of Commerce)의 프랭크 크냅(Frank Knapp)이 말했다.[15]

이와 같은 해외 조세피난처는 마약 거래 수익금을 세탁하고 테러리스트 조직에 자금을 후원하는 것과 같은 범죄 활동을 조장한다. 밀수업자와 마약 카르텔, 심지어는 알카에다와 같은 테러리스트 조직이 해외 비밀 관할지역에서 활발하게 활동하고 있다. 그곳에서는 개인이 몸을 숨기거나 은행 계좌주와 기업 소유주를 숨기기 때문에 보고나 정부 감독을 피할 수 있는 것이다.[16]

해외 조세피난처는 거대한 세금 회피 산업을 낳는다. 세금 전문 변호사와 회계사 팀은 기업의 시장점유율이나 상품의 효율성을 높이는 데 전혀 도움이 되지 않는다. 기업들은 더 나은 제품을 만들기보다는 더 나은 조세회피를 계획하는 데 투자한다. 제너럴 일렉트릭 사의 세금 회피에 대한 보도는 현대의 다국적 기업들이 왜 자사의 세무회계 부서를 '수익원'으로 생각하는지를 극단적으로 보여준다.[17]

연방 예산에 대한 우려가 짙어지고 법인세 회피에 대한 대중의 인식이 커지면서 입법을 통한 해결에 더 많은 관심이 집중될 것이다. 한 가지 전략적 규칙 변화는 국회가 조세피난처 남용 금지령을 통과시키는 것이다. 그 법령이 통과되면 미국 내 사업자와 노동자들에게 해롭고, 자기 몫의 세금을 납부하는 사람들에게 완전히 불공평한 '세금놀이'가 종식된다.

조세피난처 남용 금지령에는 주로 미국에서 관리하고 통제하는 미국 기업의 외국 자회사를 미국 국내 기업으로 취급해 소득세를 부과하는 조항이 있다. 또 다른 조항에 따르면, 국가별 보고를 요구해서 다국적 기업들은 모든 관할지역의 세금 납부현황을 공개해야 한다.[18] 이 법령은 연간 약 1,000억 달러, 향후 10년간 1조 달러의 세입을 창출할 것이다.

• **재정 체계를 개선한다**: 월스트리트와 상위 1%는 우리의 삶을 두고 위험한 실험을 했다. 세계의 금융 흐름을 통제하고 전 세계 1%에게 돈을 집중시키기 위해 수십 억 명의 삶을 파괴하고 있다.

금융 부문 역시 인간이 만든 제도로 공공의 이익을 추구하고 실물 경제의 신용거래 요구에 종속되어야 한다는 사실을 망각하고 있다. 현재의 금융 제도는 금융 자본을 소유한 소수의 1%가 지배하는 구조이다.

앞서 인용했듯이 데이비드 코튼은 '미국을 월스트리트라는 덫에서 해방시키는 법'에 대해 이렇게 말했다. "금융 시스템의 우선순위를 가치 창출의 부담 없이 월스트리트의 부를 늘리는 목적만 추구하는 금융 게임을 지원하는 것에서 공동체의 부를 구축하기 위해 실질적인 투자를 지원하는 것으로 전환하는 것이다."[19]

앞서 논의했듯 지역 기반 공동체들은 투기성 은행에서 공동체 은행과 실물경제에서 건설적인 역할을 하는 대출 기관으로 계좌를 옮길 수 있다. 실제로 65만 명 이상이 뱅크오브아메리카 같은 은행의 계좌를 해지하고 자금을 옮겼다. 종교단체들과 노동조합, 시민운동 조직들도 거기에 동참했다. 보스턴 시에서 시의회는 지역공동체에 투자하겠다고 굳게 약속한 기관들에 공공자금을 예치하기로 표결했다.[20]

은행과 자금 체계를 거머쥔 월스트리트의 장악력을 끊어내는 몇몇 방법은 다음과 같다.[21]

- **대형 은행들을 분산시킨다**: 30년간의 은행 집중화 과정을 되돌리

고, 지역 공동체의 실질적인 신용 거래 수요를 충족시키는 지역화된 공동체 금융기관을 후원해야 한다. 금융 기관의 규모를 수십 억 달러로 제한하고, 이미 지역 시장에 진입해 있는 15,000개 공동체 은행과 신용조합을 위해서 정부는 월스트리트의 거대한(너무 거대해서 망할 수 없는) 은행들에게 제공하는 특혜와 보조금을 없애야 한다.

- **주 단위의 은행을 설립한다**: 1919년 이후 노스다코타 주에서 일어난 일과 비슷하게 모든 주에 주립 합자은행이 하나씩 있어야 한다. 이와 같은 은행들은 정부 자금과 개인 예치금을 보유하고, 공동체 기반의 은행들이나 다른 금융기관들과 협력해서 지역 경제의 건전성 향상에 기여하는 사업과 프로젝트에 자금을 빌려준다. 노스다코타 주의 사례는 주립 은행이 어떻게 안정성을 제공하고 투기 추세를 막는지 보여준다. 노스다코타 주에는 다른 어떤 주보다 지역 은행이 많다. 뿐만 아니라 노스다코타 주의 은행 연체율은 전국에서 가장 낮다.

- **국가 기반시설 투자와 이를 위한 재건 은행을 설립한다**: 국회는 연

방준비은행 자금을 월스트리트의 민간 은행에 보낼 것이 아니라 공공 기반시설에 투자하기 위해 연방은행을 설립하고, 재건 프로젝트에 투자하기 위해 다른 금융 기관들과 협력해야 한다. 지속 가능한 녹색 경제로 전환하는 데 도움이 되는 투자에 집중해야 한다.

• **금융 부문을 엄격하게 감독한다**: 2010년의 금융 부문 개혁은 몇몇 파괴적인 도박성 관행들을 뿌리 뽑지 못했다. 규제를 받지 않는 헤지펀드를 포함해서 어둠의 은행 시스템은 다른 기관들과 마찬가지로 훨씬 더 엄격한 감독을 받아야 한다. 또한 국회는 감독 시스템의 비용을 마련하기 위해 금융투기세를 부과해야 한다.

• **연방준비위원회를 개편한다**: 연방준비위원회는 공적 책임을 지지 않는 경제 시스템에서 달러를 마구 찍어 수혜자들에게 전달했다. 뿐만 아니라 이들은 경기 침체에도 책임이 있다. 관할지역 내의 금융기관들을 제대로 감독하지 않고, 자산 거품이 일었던 때에 대출을 쉽게 만들었으며, 공동체 은행을 무시하고, 바람직하지 못한 금융 행위를 부추겼

기 때문이다. 연방준비위원회의 감독 기능은 중앙은행 기능과 분리되어야 한다. 새로운 감독관은 규칙을 이행해야 하고, 규제 기관에서 일했던 사람이 연이어 피감독기관인 은행에서 일해서는 안 된다.

• 기업을 재편한다: 1% 기업에 권력이 집중되면 우리 경제와 민주주의, 생태계의 건강이 위태로워진다. 그러므로 기업 통치를 종식시켜야 한다. 다른 대안은 없다. 기업 통치를 종식시키려면 1% 기업의 도를 넘어서는 행위를 통제하고 규제할 뿐만 아니라 기업을 재편해야 한다.

불행하게도 연방최고재판소의 '시민연합(Citizens United) 판결'(2010)로 일이 틀어지기 시작해 기업은 자신들의 부와 권력을 이용해서 경제 규칙을 바꿀 수 있는 '언론의 자유'를 훨씬 더 많이 누리게 되었다(시민연합 판결은 선거 캠페인에서 기업과 노조가 제한 없이 돈을 쓰는 것을 허용했다). 1% 기업의 지배력을 99%에게 돌려주려면 제일 먼저 이 판결을 뒤집어야 한다.(190쪽 참고)

기업에서 일하는 사람들은 선하고 도덕적이다. 하지만 기업의 생리는 주주들을 위해 수익을 최대화하고 고용 비용과 세금을 줄이며 기업

경영환경의 규칙들을 바꾸는 것이다. 현재 세계적인 대기업들은 직원들과 지역민, 생태 공유지를 포함한 이해관계자들에 대한 책임과 의무를 피하고 있다. 1% 기업은 법치주의에 충성을 맹세할지도 모르지만 엄청난 자원을 이용해 그와 같은 법을 고치거나 세법상 빠져나갈 구멍을 마련해놓으려고 로비를 한다. 주로 사업체를 다른 나라와 그와 대등한 비밀 관할지역으로 옮긴다.

이 모든 문제의 근원은 권력 불균형이다. 집중된 기업 권력은 '책임 없는 권력'이다. 게다가 불행하게도 정부 감독이나 조직화된 소비자 권력은 기업 권력에 대항할 수 있는 세력이 될 가능성이 거의 없다.

엔론(Enron)과 AIG 사태 같은 기업 스캔들이나 2008년 경기 침체의 근원을 살펴보면 1% 기업 내에서 정치적 영향력을 이용해 정부 규칙을 바꾸고 회계 기준을 완화시키며 정부 감독관들을 협박하거나 조종하여 철저하게 속이는 규칙 조작자들이 있다.

1%에게 유리한 규칙들을 바꾸는 일은 결코 반(反)사업적인 것이 아니다. 오히려 공평한 경쟁의 장과 공정한 규칙 체계를 만들어주기 때문에 건전한 경제에 가장 큰 기여를 하는 99% 사업체들을 강화시킨다.

새롭게 등장한 사업 조직들이 그러한 현상을 반영한다. 예컨대 지속가능한 미국 사업 의회(American Sustainable Business Council)는 미국상업회의소의 대안이며, 광범위한 번영과 함께 탄탄한 경제를 구축해주는 하이로드(high-road) 정책을 옹호한다.[22]

공동체들은 기업과 관련된 권리와 권력을 주장하기 위해 광범위한 전략들을 사용했다. 2007년에는 전략적 기업 구상(Strategic Corporate Initiative) 단체가 '기업을 통제하기 위한 세계 시민운동을 향해'라는 보고서에서 그와 같은 전략들을 개략적으로 소개했다. 많은 전략들은 점진적이지만 규칙 변화에 속하는 것으로 간주할 만하다.[23]

- **소비자들이 행동에 참여한다**: 소비자들은 기업 이해관계자로서 기업의 행동을 바꿀 수 있는 힘을 가지고 있다. 예컨대 소비자 불매운동이 네슬레(Nestle)의 비도덕적인 유아용 분유 마케팅을 바꿔놓았고, 섬유산업의 거물 J. P. 스티븐스(J. P. Stevens) 같은 기업들의 강경한 반노동자 전략을 수정시켰다. 게다가 인터넷과 소셜미디어들이 등장하면서 소비자들은 자신들의 힘을 보다 더 정교하게 사용해서 기업들에

게 직원들과 환경을 보다 더 잘 대우하라고 요구할 수 있다.[24]

• 사회 책임 투자를 증진한다: 주주들은 또한 권력을 행사해 사회에 해로운 기업들에 투자하지 않을 수 있다. 2010년에는 3조 달러 이상의 투자가 윤리적 기준에 따라 이루어졌다.[25] 기업들은 자사의 명성에 누가 될 우려가 있는 행동을 하지 않는다.

• 공공의 선을 위해 주주의 힘을 사용한다: 이미 사회적 관심을 갖고 있는 종교단체들과 시민단체들은 40년이 넘도록 기업의 행동과 경영 관행을 바꾸기 위해 주주들을 이용했다. 주주의 결의는 교육 및 소비자 캠페인과 함께 인종차별 정책시대에 남아프리카에서 사업을 하지 말라고 압력을 가했던 운동 같은 예에서 보듯이 기업의 행동을 바꿔놓았다.

• 기업 내의 규칙을 바꿔 책임감을 키운다: 잠재적으로 기업의 책임과 의무를 확대하려면 기업 내부의 경영 방식이 변해야 한다. 이러한

변화는 다음과 같다.

(1) 주주권력의 개혁. 현재는 주주의 실질적인 소유권과 감독권을 행사하기에 장벽이 많다. 기업은 경영상의 결정을 무조건 통과시키는 우호적 후보자들을 받아들이는 것이 아니라 실제 주주투표를 거쳐 뽑아야 한다.

(2) 이사회의 독립. 공공 기업은 내부자와 연관되지 않은 독립된 이사회를 구성해야 한다. 그래야 책임 있는 경영을 할 수 있다.

(3) 공동체의 권리보장. 공동체는 기업에게 세금과 보조금, 노동자 대우뿐만 아니라 독성 화학물질 사용을 포함한 환경파괴와 관련된 정보와 관행들을 공개하라고 요구하기 위해 보다 더 큰 권력을 지녀야 한다.

• 연방정부 차원의 기업 설립 허가가 필요하다: 미국 기업은 대부분 주에서 설립 허가를 받는다. 델라웨어 주를 포함한 많은 주가 낮은 수준의 책임을 요구하기 때문에 수천 개 다국적 대기업들의 보금자리가 되고 있다. 하지만 주와 국가 경계를 넘나들며 활동하는 일정 규모 이상의 기업들은 연방정부 차원의 기업 설립 허가를 받도록 해야 한다.

• **이해관계자의 지배권을 규정한다:** 연방정부 차원의 설립 허가서는 기업 이사회에 모든 주요 이해관계자 대표가 포함되어야 한다고 규정할 수 있다. 여기서 말하는 모든 주요 이해관계자는 소비자와 직원, 회사가 활동하는 지역의 주민들, 환경단체들을 포함한다. 독일의 공동결정제도에서는 이사회에 지역공동체와 직원 대표가 참여하고 있다.

• **기업이 민주주의에 악영향을 미치지 못하게 한다:** 기업은 선거와 후보자 정치자금 후원, 정당, 전당대회, 선거와 법안의 결과에 영향을 미치는 홍보 등 민주주의 체제에 어떤 식으로든 관여해서는 안 된다. 그렇기 때문에 대법원의 시민연합 판결을 뒤집을 법안이 필요하다.

시민연합 VS 기업의 힘

2010년 1월, 미국 대법원은 시민연합 대 연방선거위원회라고 알려진 사건의 판결을 내렸다. 기업과 노조가 정치적 목적으로 사용한 독립적인 비용 지출을 정부가 제한할 수 없다고 판결해 기업에게 새로운 언론의 자유권을 부여했다. 이로써 새로운 선거 관련 지출 형태가 생겨났고, 국가 정치에 영향을 미치기 위해 99%의 권력을 갉아먹는 막강한 정치위원회(PAC)가 등장했다.

상원의원 찰스 슈머(Charles Schumer)는 선거 회계의 공개를 보다 더 강화하기 위해 공개령이라는 법안을 지지했지만 미국 상업회의소와 다른 대기업 로비 단체들의 반대에 부딪혔다.

이보다 더 본질적인 개선책은 시민연합이 주장했던 것처럼 기업의 자유 언론권을 없애기 위해 헌법 수정을 추진하는 것이다. 무브 투 어맨드(Move to Amend)는 그와 같은 헌법 수정을 준비하는 단체이다.

재편된 기업은 여전히 수천 명의 직원을 고용하고 혁신과 생산성을 유지할 것이다. 하지만 주주들과 기업의 활동 영역인 공동체, 소비자와 직원, 공공의 선에 보다 더 큰 책임을 지게 될 것이다.

• **과세 체계를 재편한다**: 이것은 마지막 규칙 변화로, 멀리 내다보는 세금과 세입 정책들이 새롭고 지속 가능한 경제로의 전환을 어떻게 도울 수 있는지 보여준다. 지금까지 세금 규칙들은 99%를 위한 가치와 우선순위를 반영하지 않았다. 그보다는 힘 있는 1% 기업들과 부유한 개인들의 가치관과 목적을 반영해왔다. 1%는 세금에 관한 법률을 바꾸고 왜곡시키기 위해 상당한 힘을 쏟아 로비한다. 이것이 바로 세금 관련 법규들이 복잡하고 허점투성이일 수밖에 없는 까닭이다.

과세 체계는 간단하고 공정해야 하며, 우리에게 제공될 공공 서비스에 필요한 만큼 적절하게 세금을 부과해 세입을 올려야 한다. 세금 규칙과 예산은 도덕적으로 타당해야 한다. 그것들이 가치중립적이라고 가장해서는 안 된다.

세금 관련 법률을 왜곡시키는 두 가지 방법은 앞서 소개했다. 첫째, 자본 소득세에 터무니없이 낮은 세율을 부과해 근로소득보다 자산소득에 더 큰 혜택을 주고 있다.[26] 둘째, 1% 기업의 국제적인 세금 회피자들이 해외 조세피난처를 이용해서 혜택을 얻는 반면 국내의 99% 기업들은 불공평한 경쟁의 장에서 불리한 게임을 하고 있다.

과세 체계 개편의 또 다른 방법은 석유와 천연 가스 같은 채취 산업을 육성하는 데 투자하는 대신 자원을 보존하고 지구를 보호하며 새로운 녹색 사업을 추진하는 공동체와 기업에 더 큰 인센티브를 제공하는 방향으로 세법을 제정하는 것이다.

현재의 과세 체계는 지불 능력이 있는 사람들한테서 적절한 세입을 거둬들이지 못할 뿐만 아니라 일자리 창출에 큰 몫을 하는 중소기업의 발전을 저해하고 있다. 현재의 세금 규칙은 생태적 지속성과 좋은 일자리, 보다 더 평등한 사회에 뿌리를 둔 새로운 경제로 전환하도록 장려하기보다는 과거의 경제구조에서 벗어나지 못하도록 구속한다.

세금에 관한 일반적 통념에 따르면 해로운 활동에 높은 책임을 부과하기 위해 '나쁜 것에 과세'해야 한다. 그래서 '죄악 세금'이라는 개념이 술과 담배, 요즘에는 '불량식품'에도 적용되는 것이다. 이러한 물품에 과세하면 알코올 중독증과 암, 비만 때문에 발생하는 사회적 비용을 상쇄할 만큼의 세입을 거둬들일 수 있다. 하지만 죄악 세금은 판매세(한국의 부가가치세처럼 물건을 살 때 붙는 세금)와 마찬가지로 부자들보다 저소득 가구에게 훨씬 높은 세율로 매겨지고 있다.

현재의 세금 관련 법률을 개정해서 해결해야 하는 세 가지 주요한 '나쁜 것'은 다음과 같다.

1. 사회 결집과 건전한 민주주의를 해치는 소득과 부, 권력의 극단적인 집중 상태
2. 2008년에 경제 불안을 초래했던 것과 유사한 금융 투기
3. 생태계를 파괴하고 고갈시키는 오염과 무절제한 소비

요즘 시대의 '나쁜 것'에 과세하고 다음 세대로 갈수록 1%가 세금을 덜 내는 현상을 되돌리는 데 주력하는 대담한 방법들이 있다. 이와 같은 방법들은 집중된 부와 금융 투기, 자연 파괴에 과세하는 세 가지 축으로 나눠진다.

- **상속재산에 과세한다**: 상위 1%의 재산에 누진 상속세를 부과한다. 2010년 말, 국회는 5백만 달러(부부의 경우에는 1,000만 달러)가 넘는 부동산에 35% 세율을 적용하는 상속세를 되살렸다. 이렇게 함으로써 국회는 법의 허점을 메우고 지불할 능력이 있는 1%에게서 추가 세입을

올릴 수 있다. 책임 상속세 법안(Responsible Estate Tax)은 누진세율을 적용해 1인당 350만 달러나 부부의 경우 700만 달러 이하의 재산에는 과세하지 않고, 1인당 5억 달러나 부부의 경우 10억 달러 이상의 재산 가치에 10%의 추가 가산세를 부과한다. 이 경우 연간 세입은 약 350억 달러에 달한다.[27]

• **1%에게 부유세를 부과한다**: '순재산세'는 부동산과 현금, 투자 자금, 보험 저축과 연금, 개인 신탁을 포함한 개인이나 가계 재산에 부과해야 한다. 일정 수준 이상의 재산에만 과세하는 법을 만들 수 있다. 예컨대 프랑스의 경우는 연대세(solidarity tax, 부유층이 가난한 사람들의 고통을 분담하고 함께 연대해야 한다는 취지로 고소득층에 부과하는 세금)라고 해서 110만 달러 이상의 자산을 보유한 사람들에게 부과한다.

• **1%에게 새로운 소득세 세율구간을 적용한다**: 현재 세율 구조에 따르면 35만 달러 이상의 소득을 올리는 가구가 1,000만 달러 이상의 소득을 올리는 가구와 동일한 세율로 세금을 납부한다. 1950년대에는

오늘날 최고 높은 세율(35%)보다 높은 소득구간이 16단계나 더 있었다. 200만 달러 이상의 소득에 50% 세율을 부과하면 일 년에 추가로 600억 달러를 거둘 수 있다.

• 사회보장 원천세의 한도를 없앤다: 급여소득세(원천세)를 110,100 달러까지의 소득에만 적용할 것이 아니라 그 이상의 모든 소득에 확대해 적용해야 한다. 오늘날 1% 가운데 몇몇 사람들은 1월에만 원천세를 납부하고 나머지 99%는 일 년 내내 원천세를 납부하고 있다.

• 금융 투기세(거래세)를 부과한다: 금융거래에 세금을 부과하면 모두를 위한 금융체계로 전환하는 데 재투자할 상당액의 자금을 거둬들일 수 있다. 현재 투기 거래는 몇몇 시장에서 거래의 70%나 차지하고 있다. 상품에 대한 선물거래 투기가 식량자원과 휘발유 등 원재료의 가격을 높여 결국 99%에게 필요한 다른 필수품의 가격을 불필요하게 높이고 있다. 주식과 다른 금융상품을 사고파는 모든 거래에 적절한 연방세를 부과하면 세입이 크게 늘고 무모하게 위험을 감수하는 도박 성

격의 투기 거래가 줄어들 것이다. 일반 투자자에게 이 연방세는 만약의 경우에 대비해서 납부하는 소액의 보험료처럼 대수롭지 않은 금액이다. 이 경우 연간 세입은 1,500억 달러 정도 늘어난다.[28]

• **자산소득에 더 높은 세율을 적용한다**: 자산소득에 세금 혜택을 주면 투기가 기승을 부린다. 워렌 버핏과 그와 같은 성격의 슈퍼리치들이 말했듯이 자산소득과 배당금에 대한 우대를 없애고 장기투자에 그 혜택을 몰아준다면, 일반투자자를 자극하여 그들의 장기 투자를 장려할 수 있을 것이다. 여기서 거둘 수 있는 연간 세입은 880억 달러에 달한다.

• **탄소세를 부과한다**: 납세자들이 기후변화와 관련된 값비싼 사회 비용을 간접적으로 지불하는 것이 아니라 실질 비용을 몇몇 구입품과 상품에 세금으로 부과할 수 있다. 기후변화를 늦추는 가장 결정적인 과세 방법은 교통과 에너지 등 여러 부문에서 대기로 배출하는 탄소에 가격을 매기는 일이다. 예를 들어 전용기 여행으로 발생하는 실질적인 생태적 비용과 사회적 비용을 전용기 소유나 이용에 세금으로 부과하

는 것이다.29 차츰 단계적으로 탄소에 세금을 부과하면 에너지 보존과 지역의 녹색 기반시설 투자에 엄청나게 많은 인센티브가 생긴다. 예를 들어 직접 탄소세나 배출총량규제 환급제 제안이 있다. 이런 제안을 실시하면 몇몇 상품의 상승한 가격을 상쇄하기 위해 세입의 50%를 소비자에게 환원해주고도 여전히 연간 750~1,000억 달러까지 세입을 창출할 수 있다.30 원활한 식수 공급을 저해하는 질산염 같은 다른 오염물질에 탄소세와 비슷한 세금을 부과하는 방법도 생각해볼 수 있다.

• 과도한 소비에 과세한다: 특히 상위 1%가 불필요한 물건을 사면 쓰레기 매립지가 꽉 차고 환경이 파괴된다. 값비싼 보석과 첨단 기계 같은 불필요한 상품들에는 실질적인 환경 비용을 반영한 세금을 부과해야 한다. 이와 같은 세금은 10만 달러 이상의 자동차처럼 일정 금액을 초과하는 물품에만 부과해야 한다. 현재 몇몇 주에서는 고가의 부동산 거래에 사치세를 부과하고 있다.

상위 1% 가운데 몇몇은 이와 같은 제안에 대해 '계급 전쟁'이라고 부르짖고 '일자리 죽이기'라고 외치며 강력하게 반대할 것이다. 몇몇은 정부가 경제라는 게임에서 승리자를 선정하는 일에 관여해서는 안 된다고 주장할 것이다. 또는 시장경제에 관여해서는 안 된다고 할 것이다. 하지만 실제로 현재 세금 정책은 매일매일 승리자를 선정하고 있으며, 승리자는 대체로 상위 1%에 속한다.

19세기 말에 연방소득세가 도입되고 몇 세대가 지나는 동안 누진연방세 체계가 부의 집중을 효과적으로 완화시켰음을 기억해야 한다. 앞서 짧게 언급했듯이 1950년대에는 부자들이 오늘날의 부자들보다 많은 세금을 납부했다. 하지만 1980년대 이후, 입법자들이 부자들의 납세 의무를 저소득층 납세자와 중산층 납세자들에게 떠넘기고 오늘날 납세자들의 납세 의무를 다음 세대에 넘기는 엄청난 세금 전환이 지속되고 있다.

그러나 다행스럽게도 우리는 이 모든 잘못을 다시 되돌릴 수 있다. 이와 같은 과세 방법을 통해 잘못된 세금 전환 사태를 되돌리고, 새로운 경제로 보다 더 쉽게 전환할 수 있다.

11 함께라면 무엇이든 가능하다

여기까지 이 책을 읽었다면(혹은 건너뛰어 읽었다면) 한 가지 커다란 의문에 사로잡힐 것이다. 치명적인 불평등의 소용돌이에 너무 깊이 빠져서 헤어나올 수 없는 것은 아닐까?

심연을 뚫어지게 바라보고 극단적 불평등으로 인한 엄청난 사회 비용과 환경 비용을 파악하면 할수록 상황은 더욱 암울할 것이다. 게임의 규칙 조작자들이 얼마나 큰 권력과 많은 자원을 보유하고 있는지도 생각하면 맥이 빠진다. 상위 1%와 몇 천 개의 기업들이 이미 우리 정치 체계를 장악하고 있는 것처럼 보인다.

진심으로 귀를 기울여보면 여기저기 망가지고 부서지는 소리가 들린다. 다친 사람들과 무너진 기관들, 깨져서 회복할 수 없을 것 같은 신뢰 관계······. 극단적인 불평등이 우리 공동체와 정신을 산산 조각냈다.

내 의견을 거리낌 없이 말하자면, 일이 아주 잘못될 수도 있을 것이다. 현재 우리 행성의 삶은 지평선 위에서 일어나는 모든 변화와 더불어 크게 변하고 있다. 앞으로 몇 년 하고도 몇 달 내에 경제적, 환경적으로 거대한 충격 지점에 도달할 것이다. 경기 침체와 극단적인 기상이변, 식량 시스템 붕괴, 사회 붕괴를 초래할 수 있는 그밖에 다른 혼란이 일어날 수 있다.

지금과 같은 극단적 불평등이 만연할 때 그와 같은 변화가 닥친다면 매우 위험한 상황이 될 것이다. 그 이유는 첫째, 1%가 우리들 공동의 문제를 해결하는 데 필요한 자원들 중 상당 부분을 포함해서 지나치게 많은 권력과 부를 소유하고 있기 때문이다. 둘째, 1%가 회복력 있는 공동체를 건설하고 장기적 정책 변화를 시행하는 데 필요한 과정을 혼란시키고 지체시키며 가로막고 있기 때문이다.

상위 1% 가운데 많은 사람들이 사회 전반의 문제해결에 참여해도 단기적으로는 별다른 이득을 얻지 못한다. 이들은 두려움과 변화에 직면했을 때 특권을 누릴 수 있는 요새로 물러나고 경제 및 환경의 대전환에 따른 부작용을 피하려 한다. 하지만 그와 같은 부작용을 피했다는 생각은 그들만의 착각에 불과하다. 1%도 앞으로 닥칠 대전환의 충격을 완전히 피할 수는 없고 다만 충격에 휩쓸리는 시기를 늦출 수 있을 뿐이다. 예컨대 1%가 환경과 기후의 위기를 인식했을 때 99%는 이미 위기에 대응할 충분한 시간을 놓쳐버려 크나큰 혼란에 휩싸인 상태가 될 것이다. 물론 그 다음에는 상위 1%에게 위기가 닥친다.

내가 생각하는 암울한 미래는 위와 같지만 크나큰 희망을 심어주고 나를 격려해주는 몇 가지 징조도 있다.

• **사회 운동에 눈 뜬 세상**: 〈타임〉지에 선정되었듯 2011년은 시위자들의 해였다. 전 세계 사람들이 거리로 나와 자신들의 목소리와 힘을 찾았다. '미국의 봄(American Spring)'이 찾아와 지금까지 몇 십 년 동안 보았던 그 어떤 것과도 견줄 수 없는 각성이 조금씩 일어나고 있다. 불평등과 경제위기, 생태적 환경위험과 같은 근본적인 상황은 바뀌지 않는다. 바로 그 때문에 사람들이 모여들 것이다.

무엇보다 지도자들이 문제를 해결해줄 때까지 사람들이 기다리지 않았다는 것은 고무적인 사실이다. 99%의 전 세계적 운동은 대부분

낡은 정치 체계와 그러한 정치 체계를 지배하는 1%가 앞서 지적한 문제들을 해결할 수 없음을 잘 나타내고 있다. 우리는 대대적인 변혁의 시대로 진입하고 있다.

• **1% 내부의 협력자들**: 앞서 언급했듯이 상위 1% 내에도 현재의 추세가 근본적으로는 자신들에게 이롭지 않다는 사실을 깨닫고 행동하는 협력자들이 많다. 99% 운동은 그와 같은 협력자들과 어떻게 연대해야 할지를 고민하고 알아내야 한다. 하지만 내 생각으로는 개인적으로나 전략적으로 상위 1% 중 깨어 있는 사람들에게 호소하는 것이 가장 강력하고 효과적인 방법이다. 부자들만의 천국이 아니라 공동체에서 수요를 충족시켜야 한다고 상위 1%를 설득하며 신기루와 같은 요새와 특권 지역에서 끌어내어 그들을 인류와 재결합시켜야 한다.

• **지도자들이 뒤따르기 시작했으나 우리는 기다리지 않는다**: 2011년 12월에 오바마 대통령은 캔자스 오사와토미(Osawatomie)에서 미국의 불평등에 대해 주목할 만한 연설을 했다. 100여 년 전에 시어도어 루즈벨트(Theodore Roosevelt) 대통령도 같은 도시에서 비슷한 연설을 했다. 오바마는 금융 위기에 대해 이렇게 말했다.

금융위기가 시스템 전반에 무책임한 소수의 놀라운 탐욕과 결합했습니다. 그러고는 우리 경제와 세계를 위기로 몰아넣었습니다. 우리는 아직도 그 위기에서 회복하려고 투쟁하고 있습니다. 또한 자신의 책임을 다했음에도 여전히 아무것도 갖지 못한 순진하고 근면한 미국인 수백 만 명이 일자리와 집, 기본적인 안정권을 잃었습니다.[1]

오바마 대통령은 여론보다 앞서 나가려고 했다. 그렇다고 해서 불평등에 대한 대중의 인식 변화를 반영할 정도로 앞서 가지는 못했다. 다른 정치 지도자들도 새롭게 떠오르는 사회 운동으로 정치와 경제에 관한 우리의 생각이 달라지고 있음을 보여주려고 행렬의 선두에 설 것이다. 어떤 선거의 결과와 상관없이 이러한 추세는 계속될 것이다. 정치인들은 '99%의 후보자들'로 인정받으려고 애쓰고 그 기준으로 평가받을 것이다.

그러나 우리는 오바마 대통령이나 다른 누군가가 이런 문제들을 해결하는 데 앞장 설 때까지 기다릴 수 없다. 그동안의 우리와 마찬가지로 오바마 대통령이나 누가 되든지 간에 차기 대통령도 뭔가 더 위대한 일을 하라는 부름을 받을 때까지 기다리기만 하고 있다. 그러므로 우리가 앞장서서 상위 1%가 아니라 모두를 위한 경제를 구축하는 데 필요한 정치 체계의 규칙 변화를 일으켜야 한다.

이쯤 되면 시간에 대한 의문이 생긴다. 도대체 우리에게 남은 시간은 있는 것인가? 이 책에서는 치명적인 불평등 소용돌이를 멈추는 것이 쉬운 일이 아니라고 했다. 1929년 이후 대호황시대의 극단적 불평들을 해소하는 데 한 세대(약 30여 년)가 걸렸다. 1970년대 중반에서 현재까지 한 세대에 걸쳐 가치와 권력, 규칙이 변해 불평등 소용돌이가 휘몰아치는 지금에 이르렀다.

그렇기 때문에 그와 같은 변화들을 되돌리는 데도 한 세대 정도의 시간이 걸릴 것이다. 하지만 이번에는 오랜 세월 동안 공들여서 현재의 불평등 소용돌이를 중단시키는 여유를 누릴 수 없다. 하루하루 상황이 너무나 나빠지고 있기 때문이다. 그러므로 단기간에 무엇을 할 수 있는지 생각해내야 한다.

나의 마음 속에 뿌리 깊이 박혀 있는 개인적인 소망 혹은 믿음이 하나 있다. 우리 개개인 모두와 사회가 스스로 변할 수 있는 능력을 지니고 있다고 낙관하는 것이다. 우리 개개인은 만신창이가 되어도 자신의 삶을 스스로 회복할 수 있는 엄청난 능력을 지니고 있다. 그러한 능력이 우리 자신의 삶뿐만 아니라 우리 공동체의 나아갈 방향까지 바꿔놓을 것이다. 우리는 앞으로 나아가 전시 동원 수준으로 위기에 대응할 수 있다.

실제로 우리 개개인은 뭔가 근본적으로 더 큰일을 하라는 부름을 받기 위해 기다리고 있다. 싹을 틔울 만큼의 습기가 차는 때를 기다리며 잠들어 있는 씨앗처럼 우리도 부름 받을 때를 기다리고 있다. 물론 두려움과 능력의 부족함에 사로잡혀 움츠러들 수도 있다. 하지만 공동체의 응답을 공유하고 동참하라고 부름 받을 가능성이 크다. 결국 그것이 앞으로 나아갈 수 있는 유일한 길이다.

2011년 10월, 나는 월스트리트 거래에 금융투기세를 부과하는 방안을 지지하기 위해 워싱턴 D.C에서 행진하는 수많은 간호사들의 행렬과 함께했다. 이들 간호사들은 시위행진과 로비의 날 행사에 참여하려고 전 세계, 전국 각지에서 모여들었다.

나는 매사추세츠 주 톤튼(Taunton)의 병원에서 온 간호사 한 명을 만났다. 그녀는 시위에 참여하려고 밤새 버스를 타고 왔다. 그 간호사는 '한 사람을 구하면 영웅, 수백 명을 구하면 간호사'라고 적힌 밝은 빨간색 티셔츠를 입고 있었다. 그 간호사는 우리 사회에 금전적 탐욕과 광기를 초래한, 병들고 상처 입은 부유층 사람들을 치료하는 데 지쳤다고 말했다. "전 간호사일 뿐이에요. 하지만 불평등과 탐욕의 희생자들을 가만히 지켜보고 앉아서 침묵할 수는 없었어요."

그녀는 다른 수천 명의 간호사들과 함께 '미국을 치유하고 월스트리트에 과세하라'는 간단한 메시지가 적힌 팻말을 하나 들었다. 이 시위가 일어나기 일 년 전에 간호사들은 거리에 나와 있지 않았다. 그들은 대부분 금융투기세가 무엇인지도 들어보지 못했다. 하지만 이제 수천 명의 간호사들이 자신들의 목소리를 내고 있다. 어떻게 하면 이런 간호사들 시위처럼 수백 명이 행진하는 일이 벌어질까? 이제 이 책을 마무리하면서 앞장선다는 것이 무엇인지를 짚고 넘어가고 싶다.

책을 내려놓고 잠시 숨을 멈춘다. 조용히 앉아 자신이 앞으로 다가올 변화에서 어떤 역할을 담당할지 생각해본다. 미래에 대해 이야기하고 함께 계획을 세울 수 있는 한두 명을 떠올려본다. 이 모든 일이 감당하기 힘든 과제처럼 느껴질지도 모른다. 하지만 일대일로 대화를 나누며 혼자 감당할 수 있는 수준으로 작게 일을 벌여나갈 수 있다.

그러다가 결국에는 대화에 끌어들일 수 있는 사람 10명을 떠올려보기 바란다. 그렇게 시작해서 새로운 단체를 결성할 수 있다. 이것이 바로 서로 모여 앉아서 미래를 어떻게 맞이할 것인지에 대해 진심으로 토론하는 사람들의 모임이다. 그런 사람들과 함께 경제적 삶의 현실과 희망, 두려움을 나눠야 한다.

이런 모임이 잘 운영된다면 서로를 도와 개인 및 공동체의 회복력을 키우는 법과 조직을 결성하고 힘을 키우는 방법들을 알아내야 한다. 개인적으로나 단체로 행동할 때 자신의 직관을 믿는 법을 배우기 바란다. 마침내 소규모 집단과 단체가 변화의 씨앗이 되어 이 책에서 소개한 아이디어들을 실행할 것이다.

함께라면 무엇이든 가능하다.

각주

0장

1. 우리는 99%다 웹사이트, http://wearethe99percent.tumblr.com/post/12556818590/i-also-wanted-to-go-to-a-top-university-which-i (2012년 1월 3월 접속)

2. 우리는 99%다 웹사이트, http://wearethe99percent.tumblr.com/post/12639892423/i-am-a-27-year-old-veteran-of-the-iraq-war-i (2012년 1월 3일 접속)

3. 우리는 99% 편이다 웹사이트, http://westandwiththe99percent.tumblr.com/post/11849022824/i-made-millions-studying-the-math-of-mortgages-and (2012년 1월 3일 접속)

4. 2011년 3월 23일, 경제정책연구소 브리핑 보고서 #292에 실린 실비아 A. 알레그레토(Sylvia A. Allegretto)의 '미국 노동시장과 생활수준에 관한 보고서(State of Working America)'

5. 2011년 9월 25일, Inequality.org에 게재된 샘 피지게티의 '신 포브스 400대 부자들과 그들의 자산 1조 5천억 달러', http://inequality.org/forbes-400-15-trillion (2012년 1월 3일 접속)

6. 2011년 9월, 정책 연구소에서 발표된 사라 앤더슨과 척 콜린스, 스콧 킬링거, 샘 피지게티의 '세금 회피에 대한 막대한 CEO 보상' www.ips-dc.org/reports/executive_excess_2011_the_massive_ceo_rewards_for_tax_dodging (2012년 1월 3일 접속)

7. 2011년 10월에 발표된 의회예산청의 '1979년에서 2007년 사이의 가계소득 분배 추세', www.cbo.gov/doc.cfm?index=12485Name (2012년 1월 3일 접속)

8. 캐시 루핑(Kathy Ruffing)과 제임스 호메이(James Homey)의 '대규모 추정 적자를 끊임없이 부추기는 경기 침체와 부시의 정책들', 예산과 정책 우선순위 센터, 2011년 5월 10일, www.cbpp.org/cms/?fa=view&id=3490(2012년 1월 3일 접속)

1장

1. 케빈 필립스의 《부자와 빈자의 정치Politics of Rich and Poor: Wealth and the American Electorate in the Reagan Aftermath》(뉴욕: 하퍼콜린스, 1991)
2. 최고의 실례는 마이클 W. 콕스(Michael W. Cox)와 리처드 앨름(Richard Alm)의 《부자들과 가난한 사람들의 신화Myths of Rich and Poor: Why We're Better Off than We Think》(뉴욕: 베이직북스, 2000)
3. 1998년 8월 28일, 연방준비은행의 후원을 받아 와이오밍 주 캔자스시티 잭슨 홀에서 열린 심포지엄에서 발표된 앨런 그린스펀의 '소득 불균형: 이슈와 정책 선택권', www.federalreserve.gov/boarddocs/Speeches/1998/19980828.htm (2012년 1월 3일 접속)
4. 1997년 5월 20일, 미국기업 연구소에서 발표된 칼린 H. 보우만(Karlyn H. Bowman)의 '경제 불평등에 대한 대중의 태도', , www.aei.org/events/1997/05/20/public-attitudes-about-economic-inequality (2012년 1월 3일 접속)
5. 상기와 동일. 영국 대중의 태도를 알고 싶다면 2007년 7월에 조셉 라운드트리 재단(Joseph Roundtree Foundation)에서 발표된 마이클 오턴(Michael Orton)과 카렌 롤링슨(Karen Rowlingson)의 '경제 불평등에 대한 대중의 태도'를 참조할 것, www.jrf.org.uk/sites/files/jrf/2097.pdf (2012년 1월 3일 접속)
6. 2011년 10월 25일, Democracy Corps and Think Progress의 '효과 있는 경제 메시지 – 월가 점령 운동에서 얻은 교훈', www.americanprogressaction.org/issues/2011/10/pdf/economic_messages_that_work.pdf (2012년 1월 3일 접속)
7. 2011년 10월 25일 자 〈뉴욕타임스New York Times〉에 실린 제프 젤레니(Jeff Zeleny)와 메가 디-브레넌(Megah Thee-Brenan)의 '새로운 여론조사에서 정부에 대한 깊은 불신이 드러나다', www.nytimes.com/2011/10/26/us/politics/poll-finds-anxiety-on-the-

economy-fuels-volatility-in-the-2012-race.html.(2012년 1월 3일 접속)

8. 우리는 99%다 웹사이트, http://wearethe99percent.tumblr.com (2012년 1월 3일 접속)

9. 우리는 99%다 웹사이트, http://wearethe99percent.tumblr.com/post/12720481090/i-am-one-of-the-lucky-ones-i-fought-for-my (2012년 1월 3일 접속)

10. 케빈 필립스의 《부와 민주주의Wealth and Democracy: A Political History of the American Rich》(뉴욕: 브로드웨이 북스, 2003) 68쪽.

11. 제임스 L. 휴스턴(James L. Huston)의 《노동의 과실을 지켜라Securing the Fruits of Labor: The American Concept of Wealth Distribution, 1765-1900》(배턴루지, 루이지애나 대학 출판사, 1998) 349쪽, 해롤드 C. 리브세이(Harold C. Livesay)의 《앤드류 카네기와 대규모 기업의 부흥Andrew Carnegie and the Rise of Big Business》(보스턴, 애디슨-웨슬리, 1975), 론 처노(Ron Chernow)의 《금융제국 J. P. 모건The House of Morgan》(뉴욕, 사이먼 앤 슈스터, 1990)과 《부의 제국 록펠러Titan: The Life of John D. Rockefeller Sr.》(뉴욕, 랜덤하우스, 1998)도 참조할 것.

12. 휴스턴의 《노동의 과실을 지켜라》 18장.

13. 내가 빌 게이츠 시니어와 함께 《부와 공공복지Wealth and Our Commonwealth: Why American Should Tax Accumulated Fortunes》(보스턴, 비컨 프레스, 2003)에서 논의한 내용.

14. 대규모 트러스트들은 자기들의 요구사항을 관철하려고 후보자들과 정치가들에게 직접 현금을 건넸다. 기부금 모금의 대가 마크 한나(Mark Hanna)의 주도로 기업 트러스트들이 1896년도 대선에서 윌리엄 매킨리(William McKinley)의 대통령직을 샀다는 것은 널리 인정되고 있는 사실이다. 윌리엄 매킨리는 교묘하게 기업 트러스트들의 정치 안건들을 통과시켰다. 매튜 조셉슨(Matthew Josephson)의 《강도 귀족The Robber Barons》(샌디에이고, 하코트, 브레이스, 1934)과 에드먼드 모리스(Edmund Morris)의 《시어도어 렉스Theodore Rex》(뉴욕, 랜덤하우스, 2001) 참조, 폭로기사들 중에서 스탠다드 오일(Standard Oil) 사에 관한 아이다 타벨(Ida Tarbell)의 기사들이

1890년대에 〈맥클루어스McClure〉 지에 실렸고, 뇌물 수수와 사조직 정치, 부패를 폭로한 링컨 스테펜스(Lincoln Steffens)의 '도시들의 수치' 연재기사들도 〈맥클루어스〉 지에 실렸음. 필립스의 《부와 민주주의》도 참조.

15. 제프 게이츠(Jeff Gates)의 《위기에 처한 민주주의Democracy at Risk : Rescuing Main Street from WallStreet》(매사추세츠 주 케임브리지, 페르세우스 출판사, 2000) 12장 참조

16. 샘 피지게티의 《탐욕과 선Greed and Good : Understanding and Overcoming the Inequality That Limits Our Lives》(뉴욕, 아펙스 출판사, 2004)에 잘 나와 있음.

17. 이 시대 세금 변화의 역사를 찾아보려면 시드니 레트너(Sidney Ratner)의 《미국의 과세와 민주주의Taxation and Democracy in America》 개정판(뉴욕: 윌리, 1967)을 참조할 것.

18. 필립스의 《부와 민주주의》 79쪽, 경제정책연구소의 1917-2008년도 대화형 차트도 참조할 것, www.stateofworkingamerica.org/interactive#/?start=1917&end=1918 (2012년 1월 3일 접속)

19. 폴 크루그먼(Paul Krugman)의 《새로운 미래를 말하다》 참조, 2007년 9월 18일, http://krugman.blogs.nytimes.com/2007/09/18/introducing-this-blog (2012년 1월 3일 접속)

20. 케네스 잭슨(Kenneth Jackson)의 《미국의 교외화Crabgrass Frontier : The Suburbanization of the United States》(뉴욕, 옥스퍼드 대학 출판사, 1985) 190-209쪽

21. 줄리엣 B. 쇼어(Juliet B. Schor)의 《쇼핑하기 위해 태어났다Born to Buy》(뉴욕, 스크립너, 2004) 10쪽, 래리 미셸(Larry Mishel)과 자레드 번스타인(Jared Bernstein), 실비아 알레그레토의 〈미국 노동시장과 생활수준에 관한 보고서(State of Working America, 2006-2007)〉(워싱턴DC, 정책연구소, 2006)에 실린 '노동 시간에 관한 간단 보고'도 참조할 것.

22. 제임스 라드너(James Lardner) 외 공저 《오늘날 미국의 부채에 숨겨진 진실과 그 결과Up to Our Eyeballs : The Hidden Truths and Consequences of Debt in Today's America》(뉴욕, 뉴 출판사, 2008)

2장

1. 2011년 3월 23일, 경제정책연구소 브리핑 보고서 #292에 실린 실비아 A. 알레그레토의 '미국 노동시장과 생활수준에 관한 보고서'
2. 2011년 10월에 발표된 의회예산청의 '1979년에서 2007년 사이의 가계소득 분배 추세', www.cbo.gov/doc.cfm?index=12485Name (2012년 1월 3일 접속)
3. 2011년 10월 26일에 발표된 경제정책연구소 브리핑 보고서 #331에 실린 로렌스 미셸(Lawrence Mishel)과 조쉬 비벤스(Josh Bivens)의 '미국의 왜곡된 경제 보상에 관한 월가 점령 시위자들의 주장이 옳다', www.epi.org/files/2011/BriefingPaper331.pdf (2012년 1월 3일 접속)
4. 알레그레토의 '미국 노동시장과 생활수준에 관한 보고서' 10-14
5. 상기와 동일
6. 2011년 9월 15일, 경제정책연구소에서 발표된 래리 미셸의 '1983년 이후 총 재산 증가 비율의 심각한 불균형', www.epi.org/publication/large-disparity-share-total-wealth-gain (2012년 1월 3일 접속)
7. 로버트 프랭크의 《리치스탄Richistan : A Journey Through the American Wealth Boom and the Lives of the New Rich》(뉴욕: 크라운, 2007) 6-12쪽
8. 토마스 J. 스탠리(Thomas J. Stanley)와 윌리엄 D. 단코(William D. Danko)의 《옆집 백만장자Millionaire Next Door : The Surprising Secrets of America's Wealthy》(뉴욕: 포켓북스, 1996)
9. 프랭크의 《리치스탄》 11쪽
10. 미셸의 '심각한 불균형'
11. 미셸과 비벤스의 '월가점령 시위자들의 주장이 옳다'와 미셸의 '심각한 불균형'

12. 샘 피지게티의 '신 포브스 400대 부자들과 그들의 자산 1조 5천억 달러'
13. 상기와 동일
14. 2011년 10월에 척 콜린스와 피터 드레이어(Peter Dreier), 안드레아 고딜로(Andrea Gordillo)가 포브스 400대 부자 보고서를 토대로 분석한 미출간 예비 자료.
15. 2011년 4월, 정책 연구소에서 발표된 척 콜린스와 샘 피지게티, 앨리슨 골드버그(Alison Goldberg)의 '불필요한 긴축경제', www.ips-dc.org/reports/unnecessary_austerity_unnecessary_government_shutdown (2012년 1월 3일 접속)
16. 2011년 6월 22일에 발표된 메릴 린치 세계 자산 관리 부문과 캡제미니(Capgemini)의 '15차 세계 자산 연례 보고서', www.capgemini.com/news-and-events/news/merrill-lynch-global-wealth-management-and-capegemini-release-15th-annual-world-wealth-report (2012년 1월 3일 접속)
17. 2011년 11월 10일에 발표된 웰스엑스의 '세계 2011 초특급 자산 보고서', www.wealthx.com/articles/2011/wealth-x-launches-the-first-world-ultra-wealth-report (2012년 1월 3일 접속)
18. 2010년 10월 8일에 발표된 크레딧 스위스(Credit Suisse)의 '세계 자산 보고서', www.credit-suisse.com/news/en/media_release.jsp?ns=41610 (2012년 1월 3일 접속)

3장

1. 2010년 10월 11일 자 〈포브스〉에 실린 루이자 크롤(Luisa Kroll)의 '포브스 400대 부자: 미국의 가장 부유한 사람들은 어떻게 부를 축적하고 누리는가?' 17쪽
2. 래리 바텔스의 《불평등한 민주주의Unequal Democracy: The Political Economy of the

New Gilded Age〉(뉴저지 주 프린스턴, 프린스턴 대학 출판사, 2008)

3. 책임정치센터(Center for Responsive Politics)의 '2010년 기부자 통계자료', www.opensecrets.org/bigpicture/donordemographics.php?cycle=2010 (2012년 1월 3일 접속)

4. 2011년 11월, 노스웨스턴 대학교 정책조사부(Institute for Policy Research)에서 발표된 벤자민 페이지(Benjamin Page)와 로맥스 쿡(Lomax Cook), 라첼 모스코비츠(Rachel Moskowitz)의 '부유한 미국인들과 자선, 그리고 공공의 선', http://www.ipr.northwestern.edu/publications/workingpapares/wpabstracts11/제1113.htm (2012년 1월 3일 접속), 2011년 11월 8일 자 〈휴핑턴 포스트Huffington Post〉에 실린 조단 하워드(Jordan Howard)의 '조사에 따르면 부자가 국회와 접촉할 가능성이 더 크다'도 참조할 것, www.huffingtonpost.com/2011/11/08/wealthy-congress-contact-study_n_1081740.html (2012년 1월 3일 접속)

5. 상기와 동일, '부유한 미국인들'

6. 재단 센터 통계정보 센터(Foundation Center Statistical Information Center) 의 '국내 성장 데이터', http://foundationcenter.org/fundfunders/statistics/pdf/02_found_growth/2009/03_09.pdf (2012년 1월 3일 접속)

7. 2012년 겨울 호 〈뉴 레이버 포럼New Labor Forum〉에 실린 피터 드레이어와 척 콜린스의 '계층의 반역자들: 사회 변화를 이끄는 자선과 운동' 참조

8. 2011년 10월 25일 자 〈뉴욕타임스〉에 실린 제프 젤레니(Jeff Zeleny)와 메가 디-브레넌(Megah Thee-Brenan)의 '새로운 여론조사에서 정부에 대한 깊은 불신이 드러나다', www.nytimes.com/2011/10/26/us/politics/poll-finds-anxiety-on-the-economy-fuels-volatility-in-the-2012-race.html.(2012년 1월 3일 접속)

9. 페이지와 쿡, 모스코비츠의 '부유한 미국인들'

10. 2011년 11월 7일 자 〈가디언Guardian〉에 실린 에드 필킹턴(Ed Pilkington)의 '코크 형제들:

2012년에 대규모 데이터베이스 프로젝트를 추진하는 비밀스러운 백만장자들', www.guardian.co.uk/world/2011/nov/07/koch-brothers-database-2012-election (2012년 1월 3일 접속)

11. 상위 1%의 자선금 기부자들은 최고 한계세율 35%를 적용받는 사람들이며, 자선기부금 공제를 받아 자신들의 세금을 상당액 줄일 수 있다. 세금 정책 센터(Tax Policy Center)에서 발표된 윌리엄 랜돌프(Wiliam Randolph)의 '재무부의 자선기부금 공제' 참조, www.taxpolicycenter.org/taxtopics/encyclopedia/Charitable-Deductions.cfm (2012년 1월 3일 접속)

12. 2011년 11월 21자 〈포브스〉에 실린 로버트 렌즈너(Robert Lenzner)의 '전국의 상위 0.1%가 총 자본소득의 절반을 번다', http://news.yahoo.com/top-0-1-nation-earn-half-capital-gains-172647859.html (2012년 1월 3일 접속)

13. 2010년 10월 27일 자 〈크리스천 사이언스 모니터Christian Science Monitor〉에 실린 스테판 카슨(Stefan Karsson)의 '소득 불평등: 자유무역과 이민이 낳은 결과는 무엇인가?', www.csmonitor.com/Business/Stefan-Karlsson/2010/1027/Income-inequality-What-s-the-impact-of-free-trade-and-immigration (2012년 1월 3일 접속)

4장

1. 2011년 10월에 발표된 의회예산청의 '1979년에서 2007년 사이의 가계소득 분배 추세', www.cbo.gov/doc.cfm?index=12485Name (2012년 1월 3일 접속)
2. 2011년 3월 23일에 경제정책연구소 브리핑 보고서 #292에 실린 실비아 A. 알레그레토의 '미국 노동시장과 생활수준에 관한 보고서'
3. 2011년 1월 21일에 미국 노동부 노동통계청에서 공표된 '노조원 요약서', www.bls.gov/news.

release/union2.nr0.htm (2012년 1월 3일 접속)

4. 로버트 퍼트넘(Robert Putnam)의 《나 홀로 볼링: 사회적 커뮤니티의 붕괴와 소생》(뉴욕: 사이먼 앤 슈스턴, 2000)

5. 〈심리과학의 시각Perspectives on Psychological Science〉6, 1(2011): 9에 나오는 마이클 I. 노턴(Michael I. Norton)과 댄 애리엘리(Dan Ariely)의 '더 나은 미국을 건설하자 – 한 번에 1분위 자산 씩', www.people.hbs.edu/mnorton/norton%20ariely%20in%20press.pdf (2012년 1월 3일 접속)

6. 존 디그라프(John DeGraaf)와 데이비드 베트커(David Batker)의 《경제는 무엇에 쓰는 것인가?What Is the Economy For, Anyway: Why It's Time to Stop Chasing Growth and Start Pursing Happiness》(뉴욕: 블룸스베리, 2011)

7. 알레그레토의 '미국 노동시장과 생활수준에 관한 보고서' 10-14쪽 참조

8. 2000년 7월 26일에 퓨 조사 센터(Pew Research Center)에서 공표한 폴 테일러(Paul Taylor)와 리처드 프라이(Richard Fry), 라케쉬 코크하르(Rakesh Kochhar)의 '백인과 흑인, 라틴아메리카 사람들 사이의 기록적으로 심화되는 부의 격차', www.pewsocialtrends.org/2011/07/26/wealth-gaps-rise-to-record-highs-between-whites-blacks-hispanics (2012년 1월 3일 접속)

9. 아이라 카츠넬슨(Ira Katznelson)의 《20세기 미국의 인종차별에 관한 알려지지 않은 역사When Affirmative Action Was White: An Untold History of Racial Inequality in Twentieth-Century America》(뉴욕: W. W. 노턴, 2005)

5장

1. 2011년, 112회 국회 첫 회기에 국회감독위원 사이먼 존슨(Simon Johnson)이 증언한 'TARP 와 재정 안정성 총 평가' 118-123쪽, http://frwebgate.access.gpo.gov/cgi-bin/getdoc.cgi?dbname=112_senate_hearings&docid=f:65276.wais (2012년 1월 3일)
2. 책임정치센터(Center for Responsive Politics)의 '2010년 기부자 통계자료', www.opensecrets.org/bigpicture/donordemographics.php?cycle=2010 (2012년 1월 3일 접속)
3. 2011년 12월 5일 자 〈뉴욕타임스〉에 실린 루이스(Louise) 이야기 '간부 급여', http://topics.nytimes.com/top/reference/timestopics/subjects/e/executive_pay/index.html (2012년 1월 3일 접속), 현재 금융부문이 경제 운영 수익의 약 30%를 차지하는 것으로 추정된다. 2011년 3월 28일에 슬레이트닷컴(Slate.com)에 게재된 애니 로리(Annie Lowrey)의 '이익은 증가하고 일자리는 감소한다', http://www.slate.com/articles/business/moneybox/2011/03/more_profits_fewer_jobs.html (2012년 1월 3일 접속), 2011년 12월 22일에 경제분석청(Bureau of Economic Analysis)에서 공표한 '국민소득계정', www.bea.gov/nesreleases/national/g에/gdpnewsrelease.htm. 2012년 1월 3일 접속
4. 2011년 10월 26일에 발표된 경제정책연구소 브리핑 보고서 #331에 실린 로렌스 미셸(Lawrence Mishel)과 조쉬 비벤스(Josh Bivens)의 '미국의 왜곡된 경제 보상에 관한 월가 점령 시위자들의 주장이 옳다', www.epi.org/files/2011/BriefingPaper331.pdf (2012년 1월 3일 접속)
5. 2011년 6월 27일 자 〈비즈니스 인사이더Business Insider〉에 실린 빈센트 트리벳(Vincent Trivett)의 '미국의 25개 메가 기업들: 국가로 치면 순위가 어떻게 될까?', www.businessinsider.com/25-corporations-bigger-than-countries-2011-6?op=1 (2012년 1월 3일 접속)
6. 나는 CEO 보상 문제의 각기 다른 측면들을 분석하는 '지나친 간부 급여'에 관한 보고서를 18년에

걸쳐 공동 작성했다. www.ips-dc.org/executiveexcess

7. 2011년 8월 31일에 정책 연구소에서 발표된 사라 앤더슨과 척 콜린스, 스콧 킬링거, 샘 피지게티의 '세금 회피에 대한 막대한 CEO 보상' www.ips-dc.org/reports/executive_excess_2011_the_massive_ceo_rewards_for_tax_dodging (2012년 1월 3일 접속)

8. 2011년 5월 3일에 〈스타Star〉에 실린 데이비드 올리브(David Olive)의 '기업 전문가 로저 마틴(Roger Martin)이 CEO 급여의 개혁을 요구하다', www.thestar.com/business/markets/article/985164-olive-business-grur-rogermartin-calls-for-ceo-pay-reform (2012년 1월 3일 접속)

9. 앤더슨 외 공저 '막대한 CEO 보상'

10. 2009년 4월 17일 블룸버그에 나온 밥 아이브리(Bob Ivry)와 크리스토퍼 돈빌(Christopher Donville)의 '정부의 흑액 세금 낭비 덕분에 제지업자들이 수십 억 달러의 순익을 올릴지도 모른다', www.bloomberg.com/apps/news?pid=newsarchive&sid=adDjfGgdumh4

11. 국제 제지회사의 2010년 회계연도 10-K 보고서, www.sec.gov/Archives/edgar/data/51434/000119312511046928/d10k.htm (2012년 1월 3일 접속)

12. 2011년 3월 24일 자 〈뉴욕타임스〉에 실린 데이비드 코시에뉴스키(David Kocieniewski)의 '제너럴 일렉트릭의 전략, 다 함께 세금을 회피하자', www.nytimes.com/2011/03/25/business/economy/25tax.html?pagewanted=all (2012년 1월 3일)

13. 소기업청(Small Business Administration)의 〈소기업 경제: 대통령에게 제출하는 보고서(The Small Business Economy: A Report to the President)〉(워싱턴 DC, GPO, 2010) 26-27쪽, www.sba.gov/sites/default/files/뉴_econ2010.pdf (2012년 1월 3일 접속)

14. 2009년에 유잉 매리온 카우프만 재단(Ewing Marion Kauffman Foundation)에서 발표된 댄 스탠글러(Dane Stangler)와 로버트 E. 리탄(Robert E. Litan)의 '일자리는 어디서 나오나?'

15. 미국통계청의 '2008년에서 2009년까지 전국 및 주 단위 기업 규모별 업체 수와 고용변화, 그리

고 총 합계 통계치', www2.census.gov/econ/susb/data/dynamic/0809/us_state_totals_emplchange_2008-2009.xls (2012년 1월 3일 접속)

16. 요즘에는 기업 소유주의 규모와 소재지를 살펴보고 그것이 환경에 어떤 영향을 미치는지를 조사하고 있다. 환경보호부(EPA) 조사에 따르면 부재자가 소유한 시설들이나 타주에 본사가 있는 시설들이 주 내에 본사를 둔 공장들보다는 거의 30배, 한 지역에만 뿌리를 내린 기업들보다는 15배 많은 독성물질을 평균적으로 배출한다. 〈계간 사회과학 Social Science Quarterly〉 84, 1(2003년 3월): 162-73에 나오는 돈 그랜트(Don Grant) 외 공저의 '자회사들이 환경을 오염시키기 쉬운가?', 환경보호부 국가 환경경제 센터의 '조직 구조와 시민 참여, 기업 환경 실적'도 참조할 것, http://yosemite.epa.gov/ee/epa/eed.nsf/08fff10959725aba852575a6006ab35f/264b4f97e5fae287852575a7005e9396%21OpenDocument (2012년 1월 3일 접속)

17. 2011년 11월에 조세정의를 위한 시민단체에서 공표한 '법인 납세자들과 법인세 회피자들, 2008-2010', http://ctj.org/corporatetaxdodgers (2012년 1월 3일 접속)

6장

1. 책임정치센터(the Center for Responsive Politics)에 따르면 2011년에 등록된 로비스트 수는 12,220명이었다. 이는 535명에 달하는 국회의원 한 명당 로비스트 22.84명이 붙어 있다는 뜻이다. 책임정치센터의 '로비활동 데이터베이스', www.opensecrets.org/lobby/index.php?ql3 (2012년 1월 3일 접속)

2. 보건과 불평등 문제를 개략적으로 살펴보고 싶으면 샘 피지게티의 《탐욕과 선》(뉴욕, 아펙스 출판사, 2004) 311-30쪽 참조할 것. 세계 및 미국 보건과 불평등에 관한 정보가 필요하면 스티븐 베즈루츠카 박사(Dr. Stephen Bezruchka)의 웹사이트 인구보건포럼(Population Health Forum) (http://depts.washington.edu/eqhlth) 참조 바람. M. 포트(Fort)와 M. A. 머서(Mercer), O. 기쉬(Gish) 편저의 《질병과 부: 기업이 세계의 건강을 위협한다Sickness and Wealth: The Corporate Assault on Global Health》(보스턴: 사우드 엔드 출판사, 2004) 11-18쪽에 나오는 스티븐 베즈루츠카와 M. A. 머서의 '치명적 격차: 경제 불균형이 보건에 미치는 영향'도 참조할 것.

3. 리처드 윌킨슨(Richard Wilkinson)의 《건강 불평등, 사회는 어떻게 죽이는가?Unhealthy Societies: The Afflictions of Inequality》(런던: 루트리지, 1996) 참조

4. 2011년 11월에 스탠포드 대학교와 미국 2010 프로젝트, 러셀 세이지 재단(Russell Sage Foundation), 브라운 대학교의 미국 공동체 프로젝트에서 발표된 숀 F. 리어돈(Sean F. Reardon)과 켄드라 비쇼프(Kendra Bischoff)의 '소득별 가구 거주지 분열 현상의 증가', www.s4.brown.edu/us2010/Data/Report/report111111.pdf (2012년 1월 3일 접속)

5. 에드워드 J. 블레이클리(Edward J. Blakely)와 메리 게일 스니더(Mary Gail Snyder)의 《요새 미국: 미국의 닫힌 공동체Fortress America: Gated Communities in the United States》(워싱턴 DC, 부르킹스 인스티튜션 출판사, 1997)와 2000년 2월 15일 자 〈로스앤젤레스 타임스〉에 실린 제스 케이티(Jesse Katy)의 정의정책연구소(Justice Policy Institute) 보고서 '죄수가 너무 많은 나라?'

6. 〈계간 경제저널Quarterly Journal of Economics〉 125, 1(2010년 2월): 91-128에 실린 보이치에흐 콥주크(Wojciech Kopczuk)와 엠마누엘 사에즈(Emmanuel Saez), 재송(Jae Song)의 '미국의 소득 불균형과 이동성: 1937년 이후의 사회보장번호 데이터에서 얻은 증거', http://ideas.repec.org/a/tpr/qjecon/v125y2010i1p91-128.html (2012년 1월 3일 접속)

7. OECD가 발간한 〈성장을 위한 경제 정책 개혁Economic Policy Reforms: Going for Growth〉에 실린 '가족 문제: OECD 국가들의 세대간 사회이동성', www.oecd.org/dataoecd/2/7/45002641.pdf (2012년 1월 3일 접속), 2010년 1월에 발표된 퓨 자선 신탁(Pew Charitable Trust)의 경제 이동성 프로젝트(www.economicmobility.org)와 연구 보

고서 '같은 꿈을 추구하지만 다른 사다리를 타고 올라가다 : 미국과 캐나다의 경제 이동성', www.economicmobility.org/reports_and_research/other?id=0012 (2012년 1월 3일 접속)

8. 빌 게이츠 시니어와 척 콜린스의 《부와 공공복지》(보스턴, 비컨 프레스, 2003)

9. 상기와 동일한 저서 19-22쪽

10. 2011년 11월 16일 자 〈비즈니스 위크 인사이더〉에 실린 데이비드 린치(David Lynch)의 '불평등이 어떻게 경제를 해치나?', www.businessweek.com/magazine/how-inequality-hurts-the-economy-11162011.html?campaign_id=rss_topStories (2012년 1월 3일 접속)

11. 상기와 동일

12. 라구람 G. 라잔(Raghuram G. Rajan)의 《폴트라인Fault Lines : How Hidden Fractures Still Threaten the World Economy》(뉴저지주 프린스턴, 프린스턴 대학교 출판사, 2010)

7장

1. 경기 침체에 관한 책으로 론 수스킨드(Ron Suskind)의 《신용 사기꾼Confidence Men : Wall Street, Washington, and the Education of a President》(뉴욕, 하퍼콜린스, 2011)을 추천한다.

2. 제임스 라드너(James Lardner) 외 공저 도서 《오늘날 미국의 부채에 숨겨진 진실과 그 결과》(뉴욕, 뉴 출판사, 2008)

3. 2011년 5월 26일에 〈롤링 스톤Rolling Stone〉에 실린 매트 태비(Matt Taibbi)의 '투기꾼들이 석유 거품을 부추겼다', www.rollingstone.com/politics/blogs/taibblog/wikileaks-cables-show-speculators-behind-oil-bubble-20110256 (2012년 1월 3일 접속)

4. 상기와 동일. 2008년에 딕 더빈(Dick Durbin)(민주당-일리노이) 상원의원이 석유 투기에 대응하는 청문회와 법안 입안을 촉구했다. 2008년 4월 24일에 〈프로그레스 일리노이Progress Illinois〉에 실린 모세 부첼레(Mose Buchele)의 '더빈이 가스 가격 조사를 촉구하다', www.progressillinois.com/2008/04/24/durbin-urges-probe-of-gas-prices (2012년 1월 3일 접속)

8장

1. 2011년 6월 22일에 발표된 메릴 린치 세계 자산 관리 부문과 캡제미니(Capgemini)의 '15차 세계 자산 연례 보고서', www.capgemini.com/news-and-events/news/merrill-lynch-global-wealth-management-and-capegemini-release-15th-annual-world-wealth-report (2012년 1월 3일 접속)
2. 미국 언컷(Uncut) 웹사이트 참조, www.usuncut.org.
3. 2011년 9월 28일에 〈뉴욕타임스〉에 실린 니콜라스 쿨리쉬(Nicholas Kulish)의 '투표에 대한 경멸이 깊어지면서 시위자들이 전 세계에서 일어나다' A1
4. 꿈을 재건하자 웹사이트 참조, www.rebuildthedream.com
5. 계좌 옮기기 웹사이트 http://moveyourmoneyproject.org 와 뉴 바텀 라인 운동, www.newbottomline.com/move_our_money 참조.
6. 전국 간호사 연합 참조, www.nationalnursesunited.org
7. 〈소저너스Sojourners〉에 실린 '보호의 원: 가난한 사람들을 위한 프로그램을 보호해야 하는 이유에 관한 성명', http://secure3.convio.net/sojo/site/Advocacy?cmd=display&page=UserAction&id=419 (2012년 1월 3일 접속)

8. 세대를 초월한 간호서비스 웹사이트 참조, http://caringacrossgenerations.org.
9. 미국 언컷(www.usuncut.org)과 재정 책임 및 기업 투명성(FACT) 연합(http://fact.gfintegrity.org)을 비롯해서 조세 피난처 이용을 저지하는 법안을 통과시키기 위해 주도적으로 나서는 단체들.
10. 2011년 11월 21일에 정책연구소에서 발표한 '미국은 파산하지 않는다' 참조, www.ips-dc.org/reports/america_is_not_broke (2012년 1월 3일 접속)
11. 엘스페스 길모어(Elspeth Gilmore)는 리소스 제너레이션(Resource Generation)의 공동 이사다. http://westandwiththe99percent.tumblr.com/post/11338251599 에 게재된 길모어의 글 참조 (2012년 1월 3일 접속)
12. 브라이언 밀러(Brian Miller)와 마이크 랩햄(Mike Lapham)의 《자수성가의 신화와 정부가 개인과 기업의 성공에 기여한 진실The Self-Made Myth: And the Truth About How Government Helps Individuals and Businesses Succeed》(캘리포니아 주 샌프란시스코, 베렛 코엘러. 2012)

9장

1. 신 경제로 전환하는 토대를 만들어주고 전환 기관들을 후원하는 많은 조직들과 네트워크들이 등장하고 있다. 예컨대 신 경제 워킹 그룹(www.neweconomyworkinggroup.org)과 신 경제 네트워크(www.neweconomynetwork.org), 신경제학 연구소(www.neweconomicsinstitute.org), 탈탄소 연구소(www.postcarbon.org)가 있다.
2. 로렌스 굿윈(Lawrence Goodwyn)의 《대중영합주의: 미국 농업 폭동의 간단한 역사The Populist Moment: A Short History of the Agrarian Revolt in America》(뉴욕, 옥스퍼드 대

학 출판사, 1978)와 샘 피지게티의 《탐욕과 선》(뉴욕, 아펙스 출판사, 2004)

10장

1. 2011년 11월 16일 자 〈비즈니스 위크 인사이더〉에 실린 데이비드 린치(David Lynch)의 '불평등이 어떻게 경제를 해치나?', www.businessweek.com/magazine/how-inequality-hurts-the-economy-11162011.html?campaign_id=rss_topStories (2012년 1월 3일 접속)
2. 빌 게이츠 시니어와 척 콜린스의 《부와 공공복지》(보스턴, 비컨 프레스, 2003)
3. 2011년 4월, 정책 연구소의 불평등과 공공의 선에 관한 프로그램에서 발표된 앨리슨 골드버그, 척 콜린스와 샘 피지게티, 스콧 킬링거의 '불필요한 긴축경제: 백만장자들과 세금 회피 기업들에게 과세하지 못해 악화되는 미국 적자', www.ips-dc.org/reports/unnecessary_austerity_unnecessary_government_shutdown (2012년 1월 6일 접속)
4. 상기와 동일
5. 2011년 8월 6일, ABC 뉴스에 나온 에이미 빙햄(Amy Bingham)의 '약 1500명의 백만장자들이 소득세를 납부하지 않는다', http://abcnews.go.com/Politics/1500-millionaires-pay-income-tax/story?id=14242254#.TrwQYWDdLwN (2012년 1월 3일 접속)
6. 2011년 9월 25일, Inequality.org에 게재된 샘 피지게티의 '신 포브스 400대 부자들과 그들의 자산 1조 5천억 달러', http://inequality.org/forbes-400-15-trillion(2012년 1월 3일 접속)
7. 2011년 11월 9일에 〈뉴욕타임스〉에 실린 아담 데이빗슨(Adam Davidson)의 '백만장자들에 관한 것만이 아니다', www.nytimes.com/2011/11/13/magazine/adam-davidson-tax-middle-class.html (2012년 1월 3일 접속)
8. 데이비드 칼라한(David Callahan)의 《동질의 영혼들Kindred Spirits : Harvard Business

School's Extraordinary Class of 1949 and How They Transformed American Business》(뉴저지주 호보켄, 윌리, 2002)

9. 2008년 9월 12일, 〈비즈니스 위크〉에 실린 릭 와츠만(Rick Wartzman)의 'CEO 급여에 상한선을 그어라', www.businessweek.com/managing/content/sep2008/ca20080912_186533.htm (2012년 1월 3일 접속)

10. 이에 관한 자료를 살펴보고 싶다면 피지게티의 《탐욕과 선》에 나오는 '비효과적인 기업'을 참조할 것.

11. 2011년 1월 8일, 〈투 머치Too Much〉에 실린 샘 피지게티의 'CEO들은 급여 자료를 공개하기 싫어한다', http://toomuchonline.org/the-paycheck-data-ceos-dont-want-us-to-see (2012년 1월 3일 접속)

12. 2008년 8월 25일, 정책연구소에서 발표한 사라 앤더슨과 존 카바나프(John Cavanagh), 척 콜린스, 마이크 랩햄, 샘 피지게티의 '2008년도 과도한 간부 급여: 일반 납세자들이 어떻게 치솟는 급여를 보조하는가?', www.ips-dc.org/reports/executive_excess_2008_how_average_taxpayers_subsidize_runaway_pay (2012년 1월 3일 접속)

13. 2005년 여름, 〈옥스퍼드 경제정책 리뷰Oxford Review of Economic Policy〉에 나온 루시안 A. 벱척(Lucian A. Bebchuk)과 야니브 그린스타인(Yaniv Grinstein)의 '간부 급여의 상승'

14. 얀 슈아코브스키(Jan Schakowsky) 의원(민주, 일리노이)이 도입한 애국기업법(112회 국회의 HR 1163), www.opencongress.org/bill/112-h1163/show, 2010년 9월 1일에 〈예스(Yes)〉에 나온 샘 피지게티의 배경 기사 'CEO 급여 규모를 줄일 수 있는가?, www.yesmagazine.org/new-economy/can-we-cut-ceo-pay-down-to-size.

15. 2011년 10월 11일에 조세피난처 남용에 반대하는 기업과 투자자 단체에서 발표된 프랭크 크냅의 '기자회견 성명', http://businessagainsttaxhavens.org/press-release-small-businesses-agree-with-new-senate-study-don%E2%80%99t-reward-jobdestroyers-with-another-tax-holiday (2012년 1월 3일 접속)

16. 니콜라스 삭슨(Nicholas Shaxson)의 《보물섬: 역외금융과 조세피난처 이용의 피해를 폭로하다 Treasure Islands: Uncovering the Damage of Offshore Banking and Tax Havens》 (햄프셔의 베이싱스톡, 팔그레이브 맥밀리언, 2011)

17. 2011년 3월 24일 자 〈뉴욕타임스〉에 실린 데이비드 코시에뉴스키의 '제너럴 일렉트릭의 전략, 다 함께 세금을 회피하자', www.nytimes.com/2011/03/25/business/economy/25tax.html?_r=2 (2012년 1월 3일)

18. 조세피난처 남용 금지령(Stop Tax Haven Abuse Act)은 112회 국회에서 칼 레빈(Carl Levin)(민주당, 미시건)이 상원에 S 2669로 도입했고, 하원의원 로이드 도젯(Lloyd Doggett)(민주당, 텍사스)이 하원에 HR 2669로 도입했다. 이 법안의 요약본을 살펴보고 싶으면 2011년 7월 12일에 상원의원 칼 레빈의 웹사이트에 게재된 '조세피난처 남용 금지령 요약본'을 참조할 것, http://levin.senate.gov/newsroom/press/release/summary-of-the-stop-tax-haven-abuse-act-of-2011/?section=alltypes.

19. 2011년 7월 6일, 신경제 워킹 그룹에서 발표된 데이비드 코텐의 '월가의 규칙에서 미국을 해방시키는 법', http://neweconomyworkinggroup.org/report/how-liberate-america-wall-street-rule.

20. www.moveourmoneyusa.org 참조, http://moveyourmoneyproject.org, 10억 달러를 옮기는 뉴 바텀 라인 운동, www.newbottomline.com/new_botton_line_money_movers_pull_nearly_50_million_from_big_banks.

21. 코텐의 '미국을 해방시키는 법'

22. 지속가능한 미국사업의회(www.asbcouncil.org)와 중소연합(www.mainstreetalliance.org), 공동번영을 위한 기업(www.businessforsharedprosperity.org), 소기업 다수 집단(www.smallbusinessmajority.org)을 포함해서 하이로드 정책과 건전한 경제 정책을 지지하는

신흥 기업 단체들

23. 2007년, 국제 기업 윤리(Corporate Ethics International) 단체에서 발표한 전략적 기업 구상의 '기업을 통제하려는 세계적 시민운동을 지향하며', http://corpethics.org/section.php?id=17 (2012년 1월 3일 접속)

24. 주주 활동의 영향력에 관한 고무적인 실례들을 살펴보고 싶다면 기업책임을 실현하는 종교간 센터(Interfaith Center on Corporate Responsibility)의 웹사이트를 참조할 것, www.iccr.org.

25. 2010년에 발표된 지속가능한 책임 투자 포럼(Sustainable and Responsible Investment)의 '미국의 사회적 책임을 다하는 투자 추세에 관한 2010 보고서', http://ussif.org/resources/research/documents/2010TrendsES.pdf (2012년 1월 3일 접속)

26. 워렌 버핏 같은 사람은 세금 우대를 받아 겨우 15% 세율로 세금을 납부한다. 반면 의사와 교사, 혹은 과학자는 고소득 세율 구간에 속해 35%의 세율로 세금을 납부한다.

27. 이 수치들은 앤드류 필드하우스(Andrew Fieldhouse)에서 추천한 5년 동안의 연 평균 감축 액수를 뜻한다. 경제정책 연구소의 '사람들의 예산: 기술 분석', http://grijalva.house.gov/uploads/The%20People%27s%20Budget%20-%20A%20tECHNICAL%20Analysis.pdf.

28. 2011년 1월에 경제정책조사 센터(CEPR)에서 발표된 딘 베이커(Dean Baker)의 '적자 감소 효능을 잠재한 재정 투기세', www.cepr.net/documents/publications/fst-2011-01.pdf (2012년 1월 3일 접속), 유의사항: 2011년 11월, 피터 디파지오(Peter DeFazio)(민주당, 오리건) 하원의원과 톰 하킨(Tom Harkin)(민주당, 아이오와) 상원의원이 CEPR에서 책정된 것보다 훨씬 낮은 세율로 미국 금융거래세를 부과하는 법안들을 도입했다. 합동세제위원회(Joint Committee on Taxation)의 추정에 따르면 거래 하나당 0.03%의 세율을 적용하는 위와 같은 법안들이 통과되면 10년 동안 3530억 달러의 세입이 생겨난다.

29. 2008년 6월, 정책연구소에서 발표된 사라 앤더슨 외 공저의 '높이 나는 자들: 개인전용기 여행

이 어떻게 시스템을 왜곡시키고 지구를 덥히며 타인에게 비용을 부담시키는가?', www.ips-dc.org/reports/high_flyers (2012년 1월 3일 접속)

30. 2009년 1월, 〈하버드 환경법 리뷰Harvard Environmental Law Review〉에 실린 길버트 E. 매트칼프(Gilbert E. Metcalf)와 데이비드 와이스바흐(David Weisbach)의 '탄소세의 목적', www.law.harvard.edu/students/orgs/elr/vol33_2/Metcalf%29Weisbach.pdf (2012년 1월 3일 접속)

11장

1. 2011년 12월 6일 화요일 자 〈가디언〉에 실린 '버락 오바마가 캔자스, 오사와토미에서 연설한 연설문 전문', www.guardian.co.uk/world/2011/dec/07/full-test-barack-obama-speech.

지은이　　**척 콜린스**

척 콜린스는 미국의 불평등과 경제 위기 전문가다. 그는 정책연구소(IPS)의 수석연구원으로 불평등과 공공의 선에 관한 IPS 프로그램을 운영한다. 척 콜린스는 납세 공정성과 공동 번영에 관심을 기울이는 기업 지도자들과 소기업 소유주들, 그리고 부유한 개인들의 전국적 조직인 공공의 선을 위한 부(www.wealthforcommongood.org)를 창설한 공동 설립자다. 또한 빌 게이츠 시니어와 함께 상속 재산에 과세하고 연방 상속세를 유지해야 한다는 내용의 《부와 공공복지 Wealth and Our Commonwealth》를 공동저술했다.

1995년에는 대중에게 불평등 문제를 알리기 위해 S.M. 밀러, 펠리스 예스켈과 함께 공정 경제 연합(United for Fair Economy)을 설립했다. 뿐만 아니라 미국의 경제생활을 바라보는 기독교의 시각을 조명한 《경제의 도덕적 기준 The Moral Measure of the Economy》를 공동으로 저술했다. 이 책은 '영성과 실제(Spirituality and Practice)'에서 2007년 최고의 영적 서적으로 선정됐다. 척 콜린스는 또한 경제 위기를 다룬 만화책 《경제 붕괴 만화 The Economic Meltdown Funnies》를 공동집필했다.

옮긴이　　**이상규**

고려대학교 국어국문학과를 졸업하고 동국대학교에서 프랜차이즈 지배구조에 관한 논문으로 박사학위를 받았다. 중앙대학교, 숙명여자대학교, 동국대학교, 장안대학, 신흥대학에서 강의를 하였으며, 1998년부터 외식기업 갈비명가 이상, 북악정을 비롯한 10여 개의 매장을 운영하고 있다. 《하버드MBA 출신들은 어떻게 일하는가》《프랜차이즈란 무엇인가》 등을 번역했으며 현재 카이스트 공정거래연구센터 책임 연구원으로 활동중이다.